最《さい》恐《きょう》!!

ムー・ミステリー・ファイル

超《ちょう》常《じょう》怪《かい》奇《き》現《げん》象《しょう》

ビジュアル大《だい》事《じ》典《てん》

監修《かんしゅう》／並《なみ》木《き》伸《しん》一《いち》郎《ろう》

ムー認《にん》定《てい》！

ONE PUBLISHING

認定《にんてい》！

そばで起《お》きている！

「ムー」とは
1979年《ねん》10月《がつ》に創刊《そうかん》した
UFO《ユーフォー》事件《じけん》やUMA《ユーマ》、
超古代文明《ちょうこだいぶんめい》、オカルトなど
世界中《せかいじゅう》にあふれる
なぞと不思議《ふしぎ》に
挑戦《ちょうせん》し続《つづ》けている
スーパー・ミステリー・
マガジンである。

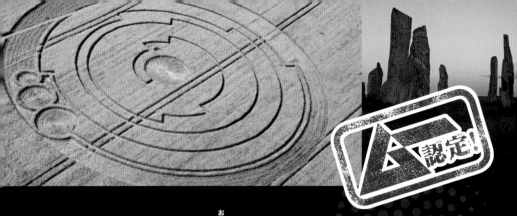

超《ちょう》常《じょう》怪《かい》奇《き》現《げん》象《しょう》はすぐ

現代《げんだい》の科学《かがく》では
説明《せつめい》することができない
不可思議《ふかしぎ》な出来事《できごと》
それが「超常怪奇現象《ちょうじょうかいきげんしょう》」だ。

人智《じんち》を超《こ》えた超能力《ちょうのうりょく》、
動《うご》き出《だ》す物《もの》や人形《にんぎょう》、
禁断《きんだん》の実験《じっけん》、呪《のろ》い……

ムー・ミステリー・ファイルでは
実際《じっさい》に起《お》こったという
70の超常怪奇現象《ちょうじょうかいきげんしょう》を
徹底追究《てっていついきゅう》する！

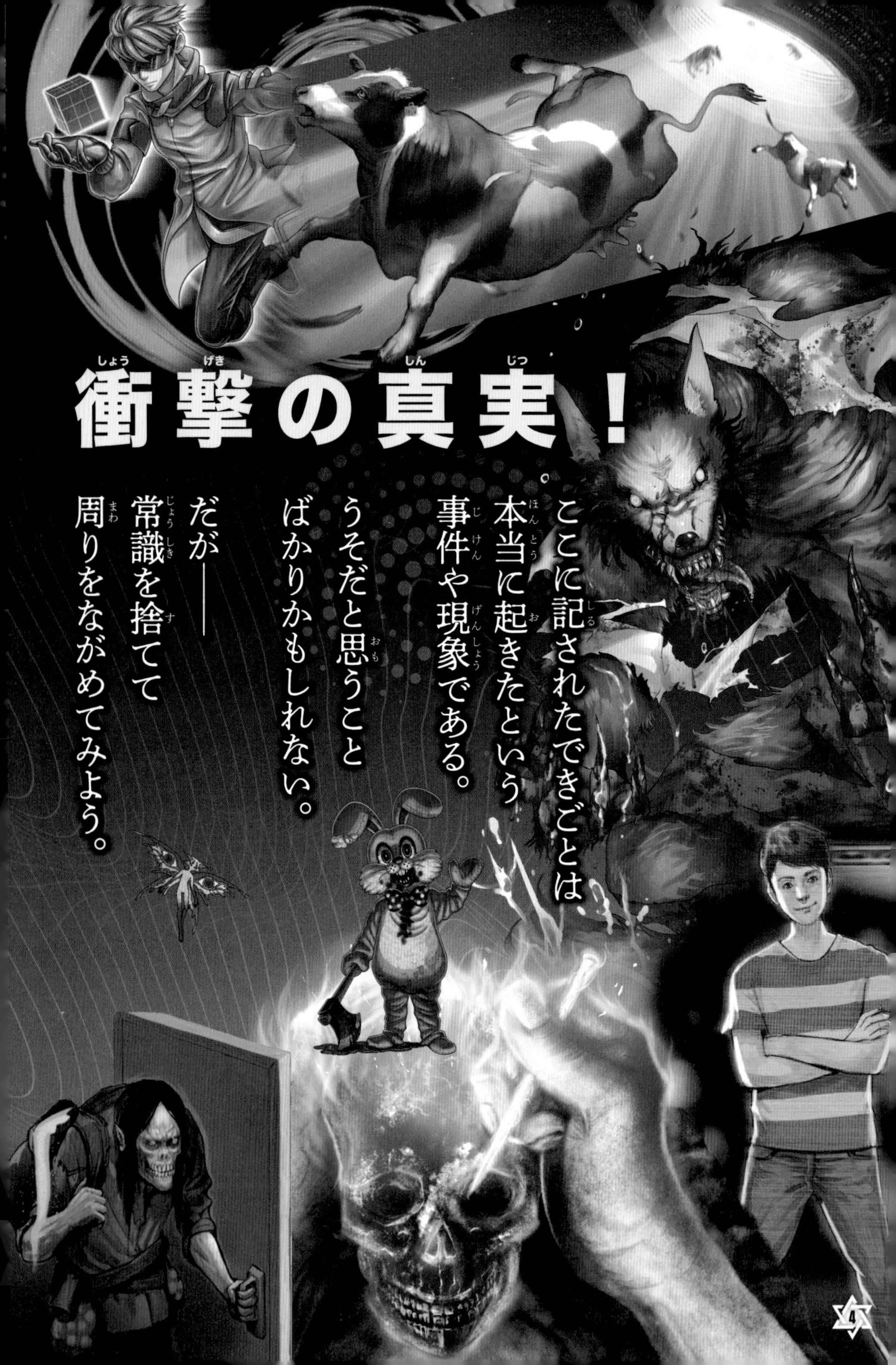

衝撃《しょうげき》の真実《しんじつ》！

ここに記《しる》されたできごとは
本当《ほんとう》に起《お》きたという
事件《じけん》や現象《げんしょう》である。
うそだと思《おも》うこと
ばかりかもしれない。

だが――
常識《じょうしき》を捨《す》てて
周《まわ》りをながめてみよう。

HELL
りくつじゃない、
不思議《ふしぎ》なことや
きみょうなものが
近《ちか》くにないだろうか？
この本《ほん》を読《よ》み終《お》えたとき
きみが見《み》る世界《せかい》は
一変《いっぺん》しているかもしれない！

もくじ

●使用写真《しようしゃしん》クレジット●

©sirk_nala (P2) ／©Filipe Ramos from Porto (P16) ／©Evansville WY Police Department (P18) ／©Myself - Herby talk thyme (P22) ／©FocalPoint (P29) ／©Megamoto85 (P39) ／©TR15336300101 (P41) ／©Manuel González Olaechea y Franco (P50) ／©C. Corleis (P52) ／©松岡明芳 (P65) ／©Rob Bogaerts / Anefo (P66) ／©Rob Bogaerts / Anefo (P66) ／©GreenGreen (P109) ／©350z33 (P114) ／©Aktuelle-Bilder-Centrale, Georg Pahl (Bild 102) (P123) ／©Louis-Maxime-Dubois (P138) ／©en:User:MykReeve (P152) ／©SICDAMNOME (P157) ／©Vsasi (P158) ／©Juan francisco garcia (P165) ／©Stefan97 (P170) ／©Cayobo from Key West, The Conch Republic (P171) ／©Stiller Beobachter from Ansbach, Germany (P187) ／©Jim Linwood (P190) ／©garethwiscombe (P207) ／©Sardaka 09:38, 10 April 2008 (UTC) (P215) ／©Myrabella (P215)

第《だい》1章《しょう》

人《じん》智《ち》を超《こ》えた力《ちから》

もし、超《ちょう》能《のう》力《りょく》が使《つか》えたら？
そう思《おも》ったことはないだろうか

超常《ちょうじょう》の力《ちから》はとつぜん開《かい》花《か》して
人《ひと》々《びと》をおどろかせる

A認《にん》定《てい》!

超《ちょう》能《のう》力《りょく》者《しゃ》たちは
空《そら》を飛《と》び、瞬《しゅん》間《かん》移《い》動《どう》し、
ふれずに物《もの》を動《うご》かし、
人《ひと》の心《こころ》を読《よ》む

キミにも人《じん》智《ち》を超《こ》えた
秘《ひ》められた力《ちから》が
ねむっているかもしれない……

第1章 目《め》覚《ざ》めたスーパーパワー

ガチャ
お母《かあ》さん ただいまー！
こら！ またドアを開《あ》けっぱなしにして！
タッタッ
ちゃんと閉《し》めなさ…
バタン
!?
何《なに》!? 今《いま》の…！ もうっ イタズラはやめて！
最近《さいきん》 おれの周《まわ》りで 変《へん》なことが よく起《お》こる

ザー
あれ？
ザー
ザザー
ザー
テレビ
消《け》したよな？
ザザー
ピッ
カタッ
うわっ!!
カラン
カラン
またかよ…
なんなんだよ
いったい…

こういうことってあるのかな?
ん?
サイコキネシス
【psychokinesis】
科学的に証明されていない
超能力の一種。
静止した物体を動かすなど、
術者が念じるだけで事物に
物理的効果を与える現象。
念力(ねんりき)、テレキネシス、
これって…
ッ
ふーーっ
①リラックスして瞑想《めいそう》5分《ふん》
②頭《あたま》の中《なか》でイメージ
③5分間《ふんかん》強《つよ》く念《ねん》じる

コポッ
動《うご》け
動《うご》け
コポ
コポポ
動《うご》け!
やった…!
おれって超《ちょう》能《のう》力《りょく》者《しゃ》ー!?

タイプ
異能《いのう》

場所《ばしょ》
世界中《せかいじゅう》

サイコキネシス《さいこきねしす》

心《こころ》で念《ねん》じるだけで物《もの》を動《うご》かす能力《のうりょく》がサイコキネシスだ。「テレキネシス」や「念動力《ねんどうりょく》」、「念力《ねんりき》」とも呼《よ》ばれる超《ちょう》能力《のうりょく》である。さわらずに物《もの》を宙《ちゅう》に浮《う》かせたり、手《て》では持《も》ち上《あ》げられないほど重《おも》い物《もの》を動《うご》かせるという。科学《かがく》では説《せつ》明《めい》ができない未知《みち》のパワーが働《はたら》いていると考《かんが》えられている。

サイコキネシスには、動《うご》く物《もの》を止《と》める力《ちから》、止《と》まっている物《もの》を動《うご》かす力《ちから》、生《せい》物《ぶつ》に影響《えいきょう》をあたえる力《ちから》の3つのタイプがある。また、念写《ねんしゃ》（→P65）や空中《くうちゅう》浮揚《ふよう》（→P42）もサイコキネシスの能《のう》力《りょく》の一種《いっしゅ》だと言《い》われている。昔《むかし》からサイコキネシスを使《つか》う超能力者《ちょうのうりょくしゃ》はたくさんいたが、未知《みち》のパワーの正体《しょうたい》はまだわかっていない。

研究報告書《けんきゅうほうこくしょ》

世界《せかい》でもっとも有名《ゆうめい》な超能力者《ちょうのうりょくしゃ》

サイコキネシスの使《つか》い手《て》として、もっとも有名《ゆうめい》な人物《じんぶつ》が、ユリ・ゲラーだ。金属《きんぞく》のスプーンを指《ゆび》でこするだけで曲《ま》げるなどの超能力《ちょうのうりょく》を披露《ひろう》し、世界中《せかいじゅう》で話題《わだい》となった。あるとき、彼《かれ》の能力《のうりょく》をうたがった人《ひと》たちが動《うご》いているケーブルカーを止《と》めろと言《い》ったところ、止《と》めることに成功《せいこう》したこともある。彼《かれ》は、サイコキネシス以外《いがい》にも、テレパシー（→P65）や念写《ねんしゃ》などの超能《ちょうのう》力《りょく》も使《つか》えたという。

ユリ・ゲラーのまねをしてスプーン曲《ま》げをすることが流行《りゅうこう》した。

手《て》をふれずに物《もの》を動《うご》かす超能力《ちょうのうりょく》！

念《ねん》じるだけで物《もの》を動《うご》かす

パワーの正体《しょうたい》は不明《ふめい》

動《うご》かす物《もの》にはだれもふれていない

キミの周《まわ》りで起《お》きたら？

スプーン曲《ま》げで才能《さいのう》がわかるかも!?

力《ちから》を入《い》れずにスプーンを曲《ま》げられたら、サイコキネシスの才能《さいのう》があるかもしれない。ただし、他《ほか》の人《ひと》を傷《きず》つけることに使《つか》わないように。

タイプ
怪物

場所《ばしょ》
ハイチなど

よみがえる死体
よみがえるしたい

秘薬《ひやく》の力《ちから》で動《うご》き出《だ》す死体《したい》『ゾンビ』

死《し》んだはずの人《ひと》が特別《とくべつ》な術《じゅつ》によって生《い》き返《かえ》り、死《し》んだまま動《うご》くようになる現象《げんしょう》がある。この歩《ある》く死者《ししゃ》は「ゾンビ」と呼《よ》ばれ、体《からだ》は動《うご》くが生《い》きていたときのような意志《いし》や感情《かんじょう》はもっていない。

ゾンビといえば映画《えいが》やドラマに出《で》てくる想像上《そうぞうじょう》の怪物《かいぶつ》というイメージだが、実《じつ》は、カリブ海《かい》の島国《しまぐに》ハイチに伝《つた》わるブードゥー教《きょう》の魔術師《まじゅつし》がゾンビ・パウダーという秘薬《ひやく》を使《つか》って行《おこな》う術《じゅつ》が元《もと》になっている。

魔術師《まじゅつし》は、秘薬《ひやく》で仮死状態《かしじょうたい》にした人《にん》間《げん》から霊魂《れいこん》をうばう。すると、死体《したい》は生《い》きていたときの記憶《きおく》をなくし、意志《いし》をもたないゾンビとなって魔術師《まじゅつし》の命《めい》令《れい》通《どお》りに動《うご》くようになるという、かなり危険《きけん》な秘術《ひじゅつ》である。

研究報告書《けんきゅうほうこくしょ》

アメリカで目撃《もくげき》されたゾンビ？

2023年《ねん》、アメリカのワイオミング州《しゅう》で、ゾンビかもしれないなぞの生物《せいぶつ》が目撃《もくげき》された。動物《どうぶつ》を調《しら》べるために町外《まちはず》れに設置《せっち》された監視《かんし》カメラに、異形《いぎょう》の見《み》た目《め》をした何《なに》かが映《うつ》っていたのだ。その怪物《かいぶつ》は、体《からだ》は洋服《ようふく》でかくれているが、顔《かお》や手《て》は明《あき》らかに人間《にんげん》のものではない。「だれかのイタズラだ」とする説《せつ》ももちろんあるが、ゾンビや異星人《いせいじん》だとする意見《いけん》もあり、真相《しんそう》は不明《ふめい》のままである。

監視《かんし》カメラがとらえたなぞの怪物《かいぶつ》。

死《し》んだ体《からだ》が
よみがえる
よみがえった死体《したい》には
感情《かんじょう》がない
魔術師《まじゅつし》の
命令通《めいれいとお》りに動《うご》く

キミの周《まわ》りで起《お》きたら？

死体《したい》の口《くち》に塩《しお》を入《い》れて術《じゅつ》を防《ふせ》ぐしかない

ゾンビの術《じゅつ》が伝《つた》わるハイチでは、亡《な》くなった人《ひと》の口《くち》の中《なか》に塩《しお》を入《い》れて墓《はか》にうめる。そうすることで魔《ま》術師《じゅつし》の術《じゅつ》を防《ふせ》げるそうだ。

第1章

電気人間《でんきにんげん》

体内《たいない》から
電気《でんき》を発《はっ》する
電気《でんき》のパワーは
火花《ひばな》を発《はっ》するほどの
こともある

手《て》で物《もの》をさわったときにバチッと静《せい》電気《でんき》が起《お》きたことはだれしもあるだろう。電気人間《でんきにんげん》とは、そのような弱《よわ》い電《でん》気《き》ではなく、非常《ひじょう》に強《つよ》い電気《でんき》を自在《じざい》に操《あやつ》る超能力者《ちょうのうりょくしゃ》のことだ。

指先《ゆびさき》から青白《あおしろ》い火花《ひばな》を出《だ》して静電気《せいでんき》を発生《はっせい》させたり、体《からだ》が磁石《じしゃく》になったり、物《もの》を手《て》のひらに吸《す》いよせる力《ちから》をもつ。これらの能力《のうりょく》は、サイコキネシス（→P12）の一種《いっしゅ》だとも言《い》われている。手《て》から電気《でんき》を放《はな》ち、ふれた相手《あいて》にショックをあたえることもあるという。

もともと人間《にんげん》の体《からだ》の中《なか》には、脳波《のうは》など、弱《よわ》い電気《でんき》が流《なが》れている。電気人間《でんきにんげん》の体内《たいない》では、なんらかの理由《りゆう》でふつうの人《ひと》の何倍《なんばい》も強《つよ》い電気《でんき》が生《う》み出《だ》されているのかもしれない。

体《からだ》から電《でん》気《き》を放《はな》つ超《ちょう》能《のう》力《りょく》者《しゃ》！

研究報告書《けんきゅうほうこくしょ》

自《みずか》らの体《からだ》を傷《きず》つけるほどの電気《でんき》

スプーンを手《て》のひらにくっつけたティマー夫人《ふじん》や、火花《ひばな》が出《で》るほどの電気《でんき》を放《はな》ったブライアン・クレメンツなど、電気人間《でんきにんげん》の報告《ほうこく》はたくさんある。旧《きゅう》ソ連《れん》（現在《げんざい》のロシア）のニーナ・クラギーナは、さわらずに磁石《じしゃく》の針《はり》を動《うご》かしたり、人《ひと》の体《からだ》にふれるだけでヤケドをさせたりした。彼女《かのじょ》の体内《たいない》の電気《でんき》はとても強《つよ》く、外《そと》に放出《ほうしゅつ》するだけでなく彼女自身《かのじょじしん》の体《からだ》すら傷《きず》つけるほどだったそうだ。

体内放電《たいないほうでん》の力《ちから》をもっていたというニーナ・クラギーナ。

物《もの》を手《て》のひらに吸《す》いよせることができる

キミの周《まわ》りで起《お》きたら？

他人《たにん》に向《む》けて使《つか》ってはならない

電気人間《でんきにんげん》になる可能性《かのうせい》はだれにでもある。相手《あいて》に電気《でんき》ショックをあたえてしまうこともあるので、人《ひと》を傷《きず》つけるような使《つか》い方《かた》は禁止《きんし》だ。

毛深い手《けぶかいて》

DATA

場所《ばしょ》：イギリス

タイプ：怪物《かいぶつ》

危険度《きけんど》

キミの周《まわ》りで起《お》きたら？

指《ゆび》を十字形《じゅうじがた》にして念《ねん》をこめよう

毛深《けぶか》い手《て》は十字架《じゅうじか》が苦手《にがて》なようだ。もし出会《であ》ったら、指《ゆび》で十字架《じゅうじか》の形《かたち》を作《つく》って向《む》けよう。毛深《けぶか》い手《て》はにげていくはずだ。

イギリスのダートムーアという場所《ばしょ》に現《あらわ》れる、毛《け》むくじゃらの両手《りょうて》しか見《み》えないなぞの怪物《かいぶつ》。

ダートムーアを通《とお》る旅行者《りょこうしゃ》や車《くるま》の運《うん》転手《てんしゅ》をとつぜんつかんで、地面《じめん》にたたきつけるという。車《くるま》や自転車《じてんしゃ》、バイクなどを運転中《うんてんちゅう》、どこからともなく毛深《けぶか》い手《て》が現《あらわ》れて、ハンドルをつかんでくることもあるそうだ。また、若《わか》いカップルがダートムーア付近《ふきん》のキャンプ場《じょう》でねていたら、テントの窓《まど》を大《おお》きな毛《け》深《ぶか》い手《て》がはっているところを見《み》たという報告《ほうこく》もある。

毛深《けぶか》い手《て》が大《おお》きくほえている声《こえ》を聞《き》いたという目撃者《もくげきしゃ》もいるが、毛《け》むくじゃらの両手《りょうて》以外《いがい》、この怪物《かいぶつ》の姿《すがた》を見《み》たものはだれもいない。

研究報告書《けんきゅうほうこくしょ》

毛深《けぶか》い手《て》の正体《しょうたい》は悪霊《あくりょう》か悪魔《あくま》か？

毛深《けぶか》い手《て》の正体《しょうたい》はよくわかっていない。1921年《ねん》にオートバイの事故《じこ》で死《し》んだダートムーア刑務所《けいむしょ》の労働者《ろうどうしゃ》の幽霊《ゆうれい》ではないかというウワサがあるが、まだ調査中《ちょうさちゅう》だ。毛深《けぶか》い手《て》に出会《であ》った女性《じょせい》がとっさに指《ゆび》で十字架《じゅうじか》の印《しるし》を作《つく》ったら、怪《かい》物《ぶつ》がほえて立《た》ち去《さ》ったという報告《ほうこく》もある。十字架《じゅうじか》が苦手《にがて》なことから、なんらかの悪霊《あくりょう》か悪魔《あくま》が、生《い》きている人間《にんげん》をあの世《よ》に引《ひ》きずりこもうとしているのだろうか？

毛深《けぶか》い手《て》が出現《しゅつげん》するというイギリスのダートムーア。

毛《け》むくじゃらの手《て》だけの怪物《かいぶつ》

毛深《けぶか》い手《て》を
のばしてくる
人《ひと》をつかんで
地面《じめん》に落《お》とす
イギリスの
ダートムーアに
現《あらわ》れる

第1章 霊《れい》が引《ひ》き起《お》こす不《ふ》思《し》議《ぎ》な現《げん》象《しょう》

パン
きゃっ！何《なに》この音《おと》！
あれ急《きゅう》にねむけが…
すーっ
パッ
どうしたの急《きゅう》に…ねえ起《お》きなよ！
カッ

第1章

エクトプラズム《えくとぷらずむ》

体《からだ》からなぞの物質《ぶっしつ》が出《で》てくる心霊《しん》現象《げん》

人間《にんげん》の体《からだ》から、なぞの物質《ぶっしつ》が出《で》てくる心霊現象《しんれいげんしょう》をエクトプラズムという。口《くち》や鼻《はな》、耳《みみ》から出《で》ることが多《おお》く、固体《こたい》や液体《えきたい》の他《ほか》、けむりのような気体《きたい》の場《ば》合《あい》もある。霊魂《れいこん》が物質化《ぶっしつか》したものだと考《かんが》えられており、自由《じゆう》に動《うご》いたり、人《ひと》の顔《かお》の形《かたち》になることがある。テーブルやイスが空中《くうちゅう》に浮《う》かぶ心霊現象《しんれいげんしょう》があるが、これらの物《もの》を支《ささ》えているのがエクトプラズムだとする説《せつ》もある。

1800年代後半《ねんだいこうはん》から1900年代《ねんだい》に、死《し》んだ人《ひと》の幽霊《ゆうれい》を呼《よ》んで対話《たいわ》をしようとする交霊会《こうれいかい》が流行《りゅうこう》した。このときにエクトプラズムが現《あらわ》れることがあり、学者《がくしゃ》が心霊実験《しんれいじっけん》をして物質《ぶっしつ》の正体《しょうたい》を確《たし》かめようとしたが、はっきりとした証拠《しょうこ》は見《み》つかっていない。

固体《こたい》や液体《えきたい》、気体《きたい》のこともある

キミの周《まわ》りで起《お》きたら？

霊能力《れいのうりょく》があれば出《だ》せるかもしれない

エクトプラズムは、だれしもが持《も》っているものだという。霊能力者《れいのうりょくしゃ》なら出《だ》せるかもしれないが、交霊会《こうれいかい》をして試《ため》すのはやめておこう。

DATA

タイプ：異物

場所《ばしょ》：世界中《せかいじゅう》

研究報告書《けんきゅうほうこくしょ》

証拠写真《しょうこしゃしん》はあるが、うたがう声《こえ》も多《おお》い

イギリスのフローレンス・クックや、アルジェリア生《う》まれのフランス人《じん》エヴァ・Cなど、エクトプラズムを出《だ》した有名《ゆうめい》な霊能力者《れいのうりょくしゃ》はたくさんいる。クックは、しばられた状態《じょうたい》で小《ちい》さな部屋《へや》にひとりで入《はい》るという実験《じっけん》で、けむりのような白《しろ》い物質《ぶっしつ》を出現《しゅつげん》させた。エヴァも実験《じっけん》でゼリーのような物質《ぶっしつ》を出《だ》している。証拠写真《しょうこしゃしん》もあるが、実験結果《じっけんけっか》をうたがう人《ひと》も多《おお》く、真実《しんじつ》は不明《ふめい》のまま現在《げんざい》にいたっている。

口《くち》からエクトプラズムを出《だ》すエヴァ・C。

第1章

邪眼《じゃがん》

DATA
場所《ばしょ》
世界中《せかいじゅう》
タイプ
異能
危険度《きけんど》
こわさ
レア度《ど》
第三《だいさん》の目《め》として
現《あらわ》れることもある

呪《のろ》いをもたらす魔《ま》力《りょく》を秘《ひ》めた目《め》

にらむだけで、人《ひと》やものに災《わざわ》いをもたらす悪魔《あくま》の目《め》。邪視《じゃし》、魔眼《まがん》、イーヴィルアイともいう。見《み》つめられた者《もの》は邪眼《じゃがん》の呪《のろ》いにより、命《いのち》を落《お》とすこともあるという。特《とく》に、青《あお》い目《め》は強《つよ》い魔力《まりょく》をもつと考《かんが》えられていた。

邪眼《じゃがん》の伝説《でんせつ》は世界中《せかいじゅう》にあり、たとえば、メデューサという怪物《かいぶつ》の邪眼《じゃがん》は、見《み》たものを石《いし》に変《か》える力《ちから》をもつ。バジリスクというヘビの怪物《かいぶつ》の邪眼《じゃがん》は、見《み》ただけで命《いのち》をうばうという。シヴァというインドの神様《かみさま》はひたいに第三《だいさん》の目《め》である邪眼《じゃがん》をもち、そこから炎《ほのお》を発《はっ》して相手《あいて》を焼《や》きほろぼすことができた。

邪眼《じゃがん》の持《も》ち主《ぬし》は超能力者《ちょうのうりょくしゃ》という説《せつ》もあり、相手《あいて》の目《め》を見《み》るだけで、その心《こころ》を思《おも》いのままに操《あやつ》れるという。

見《み》るだけで呪《のろ》いをもたらす

青《あお》い目《め》は魔力《まりょく》が強《つよ》い

研究報告書《けんきゅうほうこくしょ》

古《ふる》くから伝《つた》わる邪眼除《じゃがんよ》けのアイテム

邪眼《じゃがん》の力《ちから》を利用《りよう》した魔除《まよ》けのアイテムが世界中《せかいじゅう》に伝《つた》わっている。たとえば、トルコの「ナザール・ボンジュウ」というお守《まも》りは、青《あお》いガラスに目《め》が描《えが》かれており、この目《め》によって悪《わる》い気《き》や敵《てき》の邪眼《じゃがん》をはね返《かえ》せると考《かんが》えられた。また、タイガーアイという天然石《てんねんせき》は、みがくとトラの目《め》に見《み》えることから、魔除《まよ》けのアイテムとされた。その他《た》、羊《ひつじ》の目《め》、子安貝《こやすがい》、鏡《かがみ》なども邪眼《じゃがん》を防《ふせ》ぐと伝《つた》えられている。

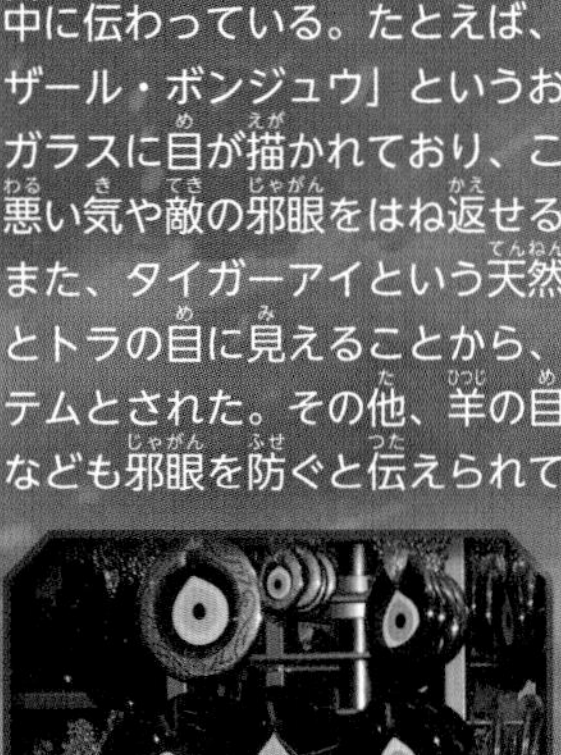

トルコに伝《つた》わる邪視除《じゃがんよ》けのお守《まも》り「ナザール・ボンジュウ」。

キミの周《まわ》りで起《お》きたら？

邪眼除《じゃがんよ》けのポーズをとろう

邪眼《じゃがん》の気配《けはい》を感《かん》じたら、人差《ひとさ》し指《ゆび》と小指《こゆび》をのばし、他《ほか》の指《ゆび》をにぎりこんで前《まえ》につき出《だ》そう。ヨーロッパに伝《つた》わる邪眼除《じゃがんよ》けのポーズだ。

瞬間移動《しゅんかんいどう》

人《ひと》や物《もの》が一瞬《いっしゅん》のうちに別《べつ》の場所《ばしょ》に移《い》動《どう》するのが瞬間移動《しゅんかんいどう》だ。テレポーテーションとも呼《よ》ばれる超能力《ちょうのうりょく》で、サイコキネシス（↓P12）の一種《いっしゅ》だという。瞬間移動《しゅんかんいどう》の能力者《のうりょくしゃ》は、何百《なんびゃく》キロもはなれた場所《ばしょ》に一瞬《いっしゅん》で移動《いどう》できる。間《あいだ》にかべなどがあっても関係《かんけい》なく、入《い》り口《ぐち》を完全《かんぜん》にふさいだ部屋《へや》の中《なか》に出現《しゅつげん》した能《のう》力者《りょくしゃ》もいる。また、見《み》るだけでびんの中《なか》に入《はい》った物《もの》を外《そと》に出《だ》したり、遠《とお》くはなれた場所《ばしょ》にあるものを手元《てもと》に持《も》ってきたり、物体《ぶったい》を移動《いどう》させることもできる。いずれもふつうの時間《じかん》や距離《きょり》の考《かんが》え方《かた》では説明《せつめい》できない超常現象《ちょうじょうげんしょう》である。

これらの瞬間移動《しゅんかんいどう》は、時間《じかん》や距離《きょり》がまったく異《こと》なる特別《とくべつ》な空間《くうかん》を通《とお》ることで可能《かのう》になるとされている。

研究報告書《けんきゅうほうこくしょ》

科学《かがく》の力《ちから》で瞬間移動《しゅんかんいどう》が可能《かのう》になる!?

人《ひと》や物《もの》をつくる最小《さいしょう》の物質《ぶっしつ》を素粒子《そりゅうし》という。瞬間移動《しゅんかんいどう》は、人《ひと》や物《もの》を素粒《そりゅう》子《し》のレベルにまでバラバラに分解《ぶんかい》して起《お》きているとする説《せつ》がある。素粒《そりゅう》子状態《しじょうたい》ではあらゆる物体《ぶったい》を通《とお》りぬけることができるため、時空《じくう》をこえた空間《くうかん》を通《とお》って移動《いどう》し、ふたたび人《ひと》や物《もの》として組《く》み立《た》て直《なお》されているというのだ。この原理《げんり》が解明《かいめい》されれば、科学的《かがくてき》に人《ひと》や物質《ぶっしつ》を遠《とお》くに一瞬《いっしゅん》で転送《てんそう》する技術《ぎじゅつ》も可能《かのう》になるかもしれない。

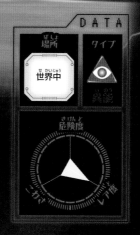

時《じ》空《くう》を超《こ》えて一《いっ》瞬《しゅん》で移《い》動《どう》する超《ちょう》能《のう》力《りょく》

一瞬《いっしゅん》で何百《なんびゃく》キロも移動《いどう》できる

特別《とくべつ》な空間《くうかん》を通《つう》じて移動《いどう》している

遠《とお》くの物《もの》を移動《いどう》させることも可能《かのう》

キミの周《まわ》りで起《お》きたら？

むやみに能力《のうりょく》を使《つか》ってはいけない

瞬間《しゅんかん》移動《いどう》の仕組《しく》みは明《あき》らかになっていない。特別《とくべつ》な空間《くうかん》でまいごになってしまわないよう、能力《のうりょく》を使《つか》いすぎないようにしよう。

吸血鬼《きゅうけつき》

人《ひと》の血《ち》をエネルギーにして生《い》きる怪物《かいぶつ》

吸血鬼《きゅうけつき》とは、見《み》た目《め》はふつうの人間《にんげん》と変《か》わらないが、人間《にんげん》の血《ち》を吸《す》う怪物《かいぶつ》だ。吸血鬼《きゅうけつき》たちは人《ひと》の血《ち》をエネルギーとしているため、血《ち》を吸《す》わなければ生《い》きていけない。また、動物《どうぶつ》などに変身《へんしん》する能力《のうりょく》をもつため、人狼《じんろう》（↓P34）の正体《しょうたい》だとも言《い》われている。

吸血鬼《きゅうけつき》が生《う》まれる理由《りゆう》には、一度《いちど》死《し》んでしまった人《ひと》がよみがえった、人《ひと》に悪霊《あくりょう》が取《と》りついた、人間《にんげん》ではなく血《ち》を吸《す》う魔物《まもの》や精霊《せいれい》であるなど、いろいろな説《せつ》がある。さらに吸血鬼《きゅうけつき》にかまれた人《ひと》は、死後《しご》に自《みずか》らも吸血鬼《きゅうけつき》になってしまうという。人《ひと》の血《ち》というものは、昔《むかし》から生命力《せいめいりょく》の源《みなもと》であると信《しん》じられており、そのために吸血鬼《きゅうけつき》の伝説《でんせつ》が生《う》まれたのかもしれない。

研究報告書《けんきゅうほうこくしょ》

吸血鬼《きゅうけつき》ドラキュラのモデル 血《ち》みどろの君主《くんしゅ》

吸血鬼《きゅうけつき》のように血《ち》を好《この》み、人々《ひとびと》におそれられた実在《じつざい》の人物《じんぶつ》がいる。15世紀《せいき》のワラキア公国《こうこく》（現在《げんざい》のルーマニア）の君主《くんしゅ》だった、ヴラド・ツェペシュだ。ツェペシュとは「くしざし公《こう》」という意味《いみ》で、彼《かれ》は人間《にんげん》をくしざしにして血《ち》みどろになるところを見《み》るのを好《この》んだそうだ。彼《かれ》の残酷《ざんこく》な伝説《でんせつ》が吸血鬼《きゅうけつき》と重《かさ》なり、のちに怪奇小説《かいきしょうせつ》『吸血《きゅうけつ》鬼《き》ドラキュラ』に登場《とうじょう》するドラキュラ伯爵《はくしゃく》のモデルになったという。

本名《ほんみょう》はヴラド3世《せい》。ヴラド・ツェペシュ（くしざし公《こう》）と呼《よ》ばれた。

DATA

場所《ばしょ》：世界中《せかいじゅう》

タイプ：怪物《かいぶつ》

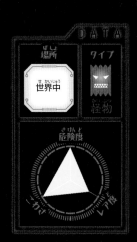

キミの周《まわ》りで起《お》きたら？
能力《のうりょく》は高《たか》いが弱点《じゃくてん》も多《おお》い
魔除《まよ》け効果《こうか》をもつニンニクやハーブが苦手《にがて》で、聖《せい》なる力《ちから》をもつ銀製《ぎんせい》の武器《ぶき》でたおせる。また日光《にっこう》にも弱《よわ》いので、昼間《ひるま》であれば安心《あんしん》だ。
人間《にんげん》の血《ち》を吸《す》って生《い》きる
血《ち》を吸《す》われて死《し》んだ人《ひと》も吸血鬼《きゅうけつき》になる
動物《どうぶつ》に変身《へんしん》できる

第1章
満月《まんげつ》の夜《よる》に
目《め》覚《ざ》める怪物《かいぶつ》
先月《せんげつ》に続《つづ》き
またもや死体《したい》が
発見《はっけん》されました
犯人《はんにん》はいまだ
つかまって
おらず――
ガタ
ガタ
同《おな》じだ
先月《せんげつ》のあの日《ひ》と
意識《いしき》がとんで…
何《なに》も覚《おぼ》えていない
いったい何《なに》が――
そういえば
あの日《ひ》も
満月《まんげつ》だったっけ
パリィィン
ドクン

タタタタタッ
ビッ
ビッ
グググ
タッ
ドボーンッ
キャー
おい！池《いけ》に人《ひと》が落《お》ちたぞ！

人狼《じんろう》

人狼《じんろう》とは、満月《まんげつ》の光《ひかり》を浴《あ》びるとオオカミに変身《へんしん》する怪人《かいじん》のことだ。オオカミ男《おとこ》とも呼《よ》ばれている。人《ひと》の姿《すがた》のときはふつうの人間《にんげん》と見《み》た目《め》が変《か》わらないため、人間《にんげん》の世界《せかい》にとけこみながら暮《く》らしている。

人狼《じんろう》の歴史《れきし》は古《ふる》く、世界各地《せかいかくち》に伝説《でんせつ》がある。たとえばフランスでは人狼《じんろう》は「ルーガルー」と呼《よ》ばれている。ルーガルーは満月《まんげつ》の夜《よる》になると、とつぜん走《はし》り出《だ》し、水《みず》に飛《と》びこんでオオカミの姿《すがた》になる。変身《へんしん》すると凶暴《きょうぼう》な性格《せいかく》になり、人《ひと》や動物《どうぶつ》をおそい出《だ》すという。

生《う》まれつき特別《とくべつ》な体質《たいしつ》で人狼《じんろう》になる場合《ばあい》もあるが、魔術《まじゅつ》の力《ちから》を借《か》りて、人《にん》間《げん》がオオカミに変身《へんしん》して悪《わる》さをすることもあるそうだ。

人間《にんげん》がおそろしいオオカミに変身《へんしん》する！

キミの周《まわ》りで起《お》きたら？

銀《ぎん》でできたアクセサリーを持《も》とう

古《ふる》くから「銀《ぎん》」には神秘《しんぴ》の力《ちから》があり、魔除《まよ》けの効果《こうか》があるという。人狼《じんろう》は銀《ぎん》が苦手《にがて》なので、銀《ぎん》でできたアイテムを身《み》につけておけば安心《あんしん》だ。

DATA

危険度《きけんど》

タイプ：怪人

場所《ばしょ》：世界中《せかいじゅう》

研究《けんきゅう》報告書《ほうこくしょ》

フランスで人狼《じんろう》が現《あらわ》れた事件《じけん》も!?

人狼《じんろう》らしき怪物《かいぶつ》が現《あらわ》れたという事件《じけん》がある。1764年《ねん》、フランス南部《なんぶ》のジェヴォーダン地方《ちほう》で、100人以上《にんいじょう》の人々《ひとびと》が「ジェヴォーダンのけもの」と呼《よ》ばれるなぞの怪物《かいぶつ》に頭《あたま》を食《く》われるなどして殺《ころ》された。このけものは、巨大《きょだい》オオカミに似《に》ているが、怪物《かいぶつ》のような頭《あたま》をもち、赤《あか》、白《しろ》、灰色《はいいろ》の毛《け》並《な》みだったという。けものは、人狼《じんろう》の弱点《じゃくてん》である「銀《ぎん》の弾《だん》丸《がん》」をうちこまれて殺《ころ》されたそうだ。

フランスに現《あらわ》れたというジェヴォーダンのけもののイメージ図《ず》。

満月《まんげつ》の夜《よる》に
オオカミになる
人《ひと》や動物《どうぶつ》を
おそう
銀《ぎん》の弾丸《だんがん》が
弱点《じゃくてん》

第1章

黒い目の子ども《くろいめのこども》

真《ま》っ黒《くろ》な目《め》をした不気味《ぶきみ》な少年《しょうねん》たち

真《ま》っ黒《くろ》な目《め》をしている

1998年《ねん》ごろからアメリカで目撃《もくげき》されている、白目《しろめ》がなく真《ま》っ黒《くろ》な目《め》をした10代《だい》の子《こ》どもたち。

目撃者《もくげきしゃ》によると、夜《よる》に車《くるま》をとめていたら、ふたりの少年《しょうねん》が窓《まど》ガラスをたたき「車《くるま》に乗《の》せろ」とせまった。よく見《み》ると少年《しょうねん》の目《め》は真《ま》っ黒《くろ》だった。不気味《ぶきみ》に思《おも》った目撃者《もくげきしゃ》は、あわててにげ出《だ》したそうだ。他《ほか》の目撃者《もくげきしゃ》は、夜中《よなか》にげん

DATA
危険度《きけんど》
こわさ
レア度
タイプ
怪人
場所《ばしょ》
アメリカ
など

＼キミの周《まわ》りで起《お》きたら？／

決《けっ》して中《なか》に入《い》れてはいけない

もし彼《かれ》らの要求《ようきゅう》を受《う》け入《い》れて中《なか》に入《い》れると、悪魔《あくま》にのっとられ洗脳《せんのう》されてしまうというウワサもあるので決《けっ》して開《あ》けてはいけない。

「中《なか》に入《い》れろ」と要求《ようきゅう》する

10代《だい》の子《こ》ども

かんのドアをノックする音《おと》がして、のぞき穴《あな》から外《そと》を見《み》ると、真《ま》っ黒《くろ》な目《め》をしたふたりの少年《しょうねん》が立《た》っていた。少年《しょうねん》は「家《いえ》に入《い》れろ」と要求《ようきゅう》し、ことわるとさらにドアを強《つよ》くたたいたという。

こうげきされたというウワサはないが、もし彼《かれ》らの願《ねが》いをかなえたらどうなるのかはわかっていない。

研究《けんきゅう》報告書《ほうこくしょ》

正体《しょうたい》はおそろしい悪魔《あくま》の子《こ》どもたち？

一説《いっせつ》によると、真《ま》っ黒《くろ》な目《め》は邪悪《じゃあく》な悪魔《あくま》の目《め》をイメージさせることから「悪魔《あくま》の子《こ》ども」ではないかと言《い》われている。また、2012年《ねん》にはイギリスの森《もり》で、全員《ぜんいん》が真《ま》っ黒《くろ》な目《め》をしていた４人連《にんづ》れの家族《かぞく》が目《め》げきされた。彼《かれ》らの手足《てあし》は人間《にんげん》とはちがうところで曲《ま》がって見《み》えたという情報《じょうほう》もある。その見《み》た目《め》から、幽《ゆう》霊《れい》やゾンビ、エイリアン、あるいは、進化《しんか》をとげた新人類《しんじんるい》といったウワサもある。

☞海外《かいがい》ではBlack Eyed Kids（ブラック・アイド・キッズ）を略《りゃく》して「ＢＥＫ」と呼《よ》ばれている。

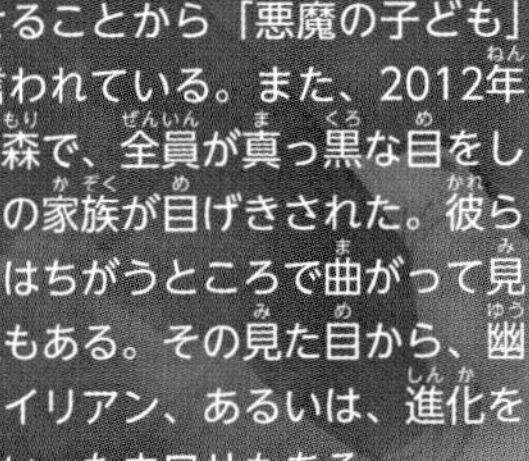

幽霊《ゆうれい》の手形《てがた》

いつの間《ま》にか
手足《てあし》のあとがある

見《み》えざるものが
手形《てがた》や足《あし》あとを残《のこ》す！

幽霊《ゆうれい》など、目《め》には見《み》えない存在《そんざい》が、いつの間《ま》にか手形《てがた》や足《あし》あとのようなしみを残《のこ》す怪奇現象《かいきげんしょう》。この現象《げんしょう》は、主《おも》に事故《じこ》や事件《じけん》が起《お》きた現場《げんば》など、幽霊《ゆうれい》や怨霊《おんりょう》の集《あつ》まりやすいところで発生《はっせい》しやすいようだ。心霊《しんれい》スポットとして知《し》られている場所《ばしょ》で起《お》きることも多《おお》い。

たとえば、アメリカのサンアントニオにある踏切《ふみきり》では、スクールバスの事《じ》故《こ》で乗《の》っていた子《こ》どもたち全員《ぜんいん》が亡《な》くなった。それ以来《いらい》、この踏切《ふみきり》を通《とお》る車《くるま》の窓《まど》には、たくさんの子《こ》どもたちの手《て》形《がた》がびっしりとつくという。

自分《じぶん》たちの存在《そんざい》に気《き》づいてほしいためか、人間《にんげん》を死者《ししゃ》の世界《せかい》に引《ひ》きずりこみたいためか。見《み》えざるものたちが手《て》形《がた》を残《のこ》す理由《りゆう》は不明《ふめい》だ。

DATA

場所《ばしょ》
世界中《せかいじゅう》

タイプ
異常

危険度《きけんど》

幽霊《ゆうれい》や怨霊《おんりょう》のしわざ？

キミの周《まわ》りで起《お》きたら？

お清《きよ》めの塩《しお》をまこう

複数《ふくすう》の幽霊《ゆうれい》が集《あつ》まってきているかもしれない。その場《ば》に塩《しお》をまいたり、塩水《しおみず》を飲《の》んだりすれば悪《わる》い幽《ゆう》霊《れい》は近《ちか》づけないはずだ。

幽《ゆう》霊《れい》の集《あつ》まりやすい場《ば》所《しょ》で起《お》こりやすい

研究《けんきゅう》報告書《ほうこくしょ》

心《しん》霊《れい》スポットでは手形《てがた》がつきやすい

京都府《きょうとふ》や東京都《とうきょうと》、宮崎県《みやざきけん》など、心霊《しんれい》スポットとして有名《ゆうめい》なトンネルでは、車《くるま》で通《とお》りぬけると、フロントガラスにたくさんの手形《てがた》がついていたといった体験《たいけん》をする人《ひと》が多《おお》い。また、島根県《しまねけん》のとある寺院《じいん》の門《もん》の天井《てんじょう》には、いつの間《ま》にか手《て》形《がた》や足《あし》あとのようなしみがついているという。この寺院《じいん》の付近《ふきん》は古《ふる》くから不気味《ぶきみ》な場所《ばしょ》として知《し》られ、地元《じもと》では「幽《ゆう》霊《れい》のつけたもの」としておそれられているそうだ。

京都府《きょうとふ》の清《きよ》滝《たき》トンネル。通《とお》ると車《くるま》に手《て》形《がた》がつくなどの怪奇現象《かいきげんしょう》が起《お》こるという。

空中《くうちゅう》に浮《う》く
ことができる

空中浮揚《くうちゅうふよう》

重力《じゅうりょく》にさからって空中《くうちゅう》に浮《う》かぶ能力《のうりょく》

DATA

場所《ばしょ》：世界中《せかいじゅう》

タイプ：異能《いのう》

危険度《きけんど》
こわさ
レア度

人《ひと》の体《からだ》や物体《ぶったい》が空中《くうちゅう》に浮《う》かぶ超常現《ちょうじょうげん》象《しょう》を空中浮揚《くうちゅうふよう》という。地球《ちきゅう》には重力《じゅうりょく》があるので、ふつうはジャンプしても必《かなら》ず地面《じめん》に落《お》ちる。しかし、空中浮揚《くうちゅうふよう》の力《ちから》をもつ人《ひと》は、重力《じゅうりょく》を無視《むし》して浮《う》かぶことができる。また、自分《じぶん》の体重《たいじゅう》より重《おも》いものを浮《う》かび上《あ》がらせることができる人《ひと》もいる。科学《かがく》では説明《せつめい》ができない特別《とくべつ》な力《ちから》だと言《い》えるだろう。

昔《むかし》から聖者《せいじゃ》や仙人《せんにん》が空中浮揚《くうちゅうふよう》をしたという伝説《でんせつ》はたくさん残《のこ》されている。そうした人《ひと》は、神《かみ》の力《ちから》を得《え》た特別《とくべつ》な存《そん》在《ざい》だと信《しん》じられていたようだ。現代《げんだい》では、なんらかのトリックを使《つか》って空中《くうちゅう》浮揚《ふよう》をする者《もの》も多《おお》いため、だまされないように本物《ほんもの》かどうか見《み》きわめる力《ちから》も必要《ひつよう》だろう。

科学《かがく》では
説明《せつめい》できない

研究報告書《けんきゅうほうこくしょ》

空中浮揚《くうちゅうふよう》を行《おこな》ったというヒューム。

精霊《せいれい》に持《も》ち上《あ》げられて空中《くうちゅう》に浮《う》いた？

19世紀《せいき》のイギリスに、空中浮揚《くうちゅうふよう》で有名《ゆうめい》なD・D・ヒュームという男性《だんせい》がいた。彼《かれ》は、24メートルもの高《たか》さにある窓《まど》から外《そと》に出《で》て空中《くうちゅう》に浮《う》かび、ふたたび部屋《べや》にもどってくることに成功《せいこう》した。多《おお》くの人《ひと》がトリックがあるのではないかとうたがったが、トリックの証拠《しょうこ》を見《み》つけることはできなかったそうだ。ヒューム本人《ほんにん》は、精霊《せいれい》が自分《じぶん》を持《も》ち上《あ》げてくれることで浮《う》かんでいると言《い》っていたという。

物《もの》を浮《う》かび
上《あ》がらせることも
可能《かのう》

キミの周《まわ》りで起《お》きたら？

高《たか》いところから落《お》ちたら危険《きけん》

空中浮揚《くうちゅうふよう》しようとするのは、高《たか》いところから落《お》ちてケガをするかもしれないので危険《きけん》だ。ベッドの上《うえ》など安全《あんぜん》なところでためそう。

第1章 カードの裏《うら》が透《す》けて見《み》える!?

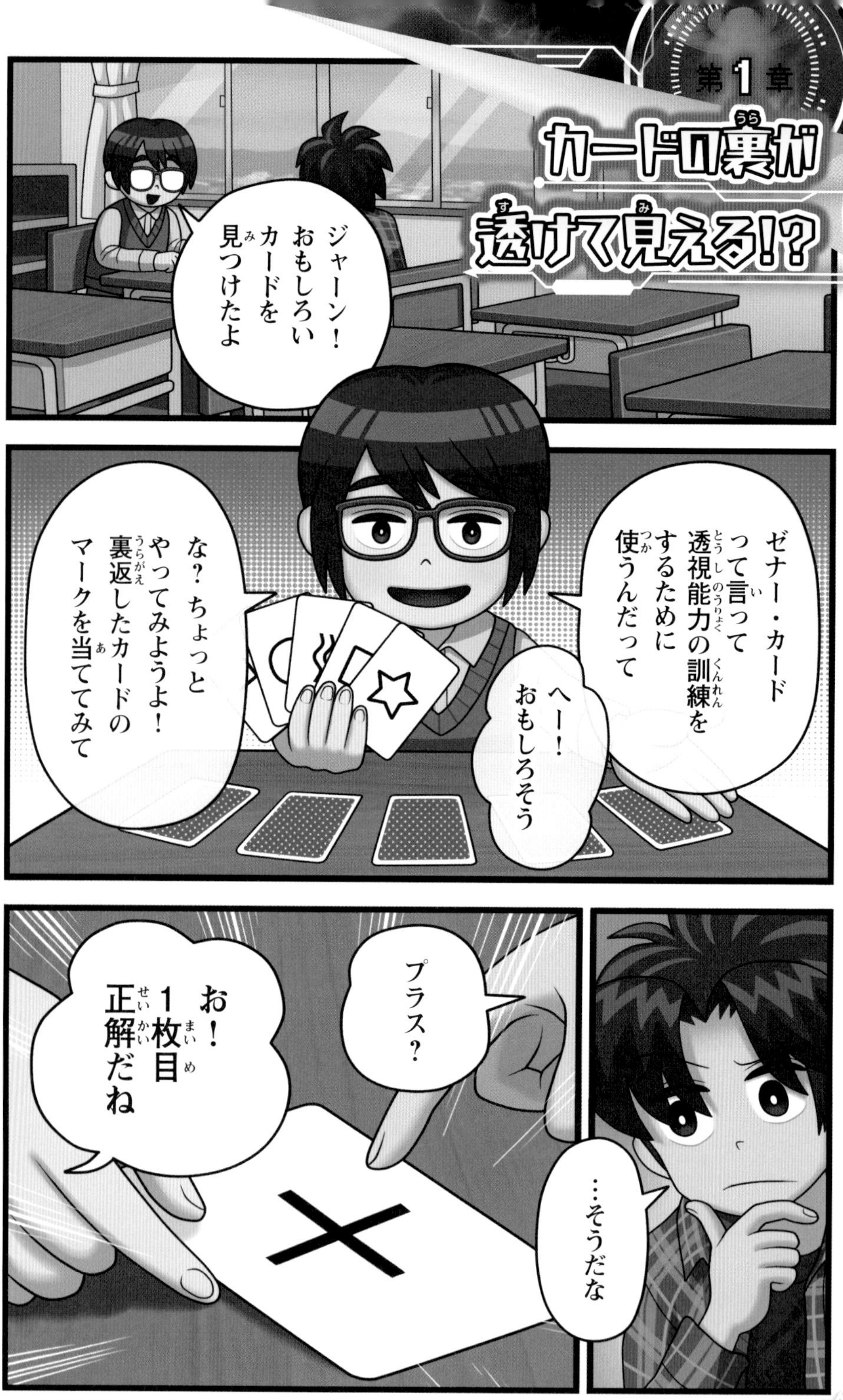
ジャーン！
おもしろいカードを見《み》つけたよ
ゼナー・カードって言《い》って透視能力《とうしのうりょく》の訓練《くんれん》をするために使《つか》うんだって
へー！おもしろそう
な？ちょっとやってみようよ！裏返《うらがえ》したカードのマークを当《あ》ててみて
…そうだな
プラス？
お！1枚目《まいめ》正解《せいかい》だね

四角《しかく》
波《なみ》
当《あ》たってる…
変《へん》だな…カードが透《す》けてるみたいに見《み》えるぞ
じゃあ次《つぎ》のは？
…○だろうけど全問正解《ぜんもんせいかい》だと変《へん》なやつに思《おも》われるかも…
…星《ほし》マーク？
…！
ブブーッ残念《ざんねん》！
正解《せいかい》は丸《まる》でした！
ハハハ…やっぱ超能力《ちょうのうりょく》なんてないか
ははは…
透視能力《とうしのうりょく》なんて…まさかな

第1章

透視《とうし》

かくされた物《もの》を読《よ》みとる超能力《ちょうのうりょく》

透視《とうし》とは、目《め》では見《み》えない場所《ばしょ》にあるものを読《よ》みとることができる超能力《ちょうのうりょく》のこと。カードの裏面《うらめん》に描《えが》かれた図形《ずけい》を当《あ》てたり、箱《はこ》に入《はい》った物《もの》を言《い》い当《あ》てることができるという。遠《とお》くの物《もの》や未来《みらい》を見通《みとお》す千里眼《せんりがん》（→P54）も透視《とうし》の一種《いっしゅ》だと言《い》われている。人間《にんげん》には、視覚《しかく》や聴覚《ちょうかく》、触覚《しょっかく》などの五感《ごかん》が備《そな》わっているが、透視《とうし》は第六感《だいろっかん》と言《い》われる特別《とくべつ》な感覚《かんかく》によって、かくされた物《もの》を感《かん》じていると言《い》われている。

透視《とうし》の使《つか》い手《て》は、無意識《むいしき》の力《ちから》を強《つよ》く秘《ひ》めた小学生高学年《しょうがくせいこうがくねん》から中学生《ちゅうがくせい》くらいまでの子《こ》どもに多《おお》いという。透視《とうし》の能力《のうりょく》を使《つか》いこなすには安定《あんてい》した心身《しんしん》の状態《じょうたい》が必要《ひつよう》だが、訓練《くんれん》によって身《み》につけることができるとする説《せつ》もある。

キミの周《まわ》りで起《お》きたら？

透視能力《とうしのうりょく》が開花《かいか》するかも!?

目《め》や耳《みみ》を使《つか》わずにかくされた物《もの》がわかるかためしてみるといいかもしれない。万《まん》が一《いち》、透視《とうし》ができるようになっても悪用《あくよう》は厳禁《げんきん》。

研究報告書《けんきゅうほうこくしょ》

透視能力《とうしのうりょく》を調《しら》べた実験《じっけん》がある

透視《とうし》や予知《よち》などの科学《かがく》では説明《せつめい》できない第六感《だいろっかん》による能力《のうりょく》についての研究《けんきゅう》は、17世紀《せいき》から行《おこな》われている。のちに、これらの研究《けんきゅう》は超心理学《ちょうしんりがく》と呼《よ》ばれるようになり、特定《とくてい》の図形《ずけい》が描《か》かれた「ゼナー・カード」を使《つか》った実験《じっけん》がくり返《かえ》されるようになった。図形《ずけい》を言《い》い当《あ》てる実験《じっけん》を何度《なんど》も行《おこな》い、ぐうぜんとは思《おも》えない正答率《せいとうりつ》が出《で》た人《ひと》には、透視能力《とうしのうりょく》があるのではないかと考《かんが》えられたのである。

透視実験《とうしじっけん》に使《つか》われた「ゼナー・カード」。この本《ほん》にもついているので使《つか》ってみよう。

見《み》えないはずの物《もの》を
感知《かんち》できる
第六感《だいろっかん》に
よる力《りょく》
能力者《のうりょくしゃ》には
子《こ》どもが多《おお》い

DATA

場所《ばしょ》：ヨーロッパ

タイプ：怪物

危険度《きけんど》

こわさ　レア度

砂男《すなおとこ》

夜《よ》ふかしをすると現《あらわ》れる

ヨーロッパに古《ふる》くから伝《つた》わる、おそろしい怪物《かいぶつ》。「サンドマン」とも呼《よ》ばれている。悪魔《あくま》のような顔《かお》つきで、背中《せなか》には砂《すな》の入《はい》った袋《ふくろ》をかかえている。

砂男《すなおとこ》は、主《おも》に子《こ》ども部屋《べや》に現《あらわ》れる。いつまでもねようとしない子《こ》どもの前《まえ》に現《あらわ》れ、目《め》に魔法《まほう》の砂《すな》をかけてくるそうだ。砂《すな》をかけられた子《こ》どもは、目《め》を開《あ》けていられなくなる。そして、子《こ》どもがかゆくて目《め》をこすると、目《め》の玉《たま》がぽろりと取《と》れ、ゆかに落《お》ちるという。砂男《すなおとこ》はその目《め》を拾《ひろ》い上《あ》げて袋《ふくろ》につめ、わが子《こ》のエサとしているという。

おそろしい怪物《かいぶつ》だが、夜《よ》ふかしをしなければだいじょうぶだ。砂《すな》で子《こ》どもたちを眠《ねむ》らせ、楽《たの》しい夢《ゆめ》を見《み》せてくれるとも言《い》われている。

研究報告書《けんきゅうほうこくしょ》

砂男《すなおとこ》は悪《わる》い子《こ》どもをおそう妖精《ようせい》の一種《いっしゅ》

砂男《すなおとこ》は、ヨーロッパの民話《みんわ》などに登場《とうじょう》する。昔《むかし》から、夜《よ》ふかしをする子《こ》どもに対《たい》して、親《おや》が「砂男《すなおとこ》がくるぞ」とおどして、ねかしつける習慣《しゅうかん》があったという。砂男《すなおとこ》のように、悪《わる》さをするとこわいことをしにやってくる怪物《かいぶつ》は、「子《こ》ども部屋《べや》のボギー」と呼《よ》ばれている妖精《ようせい》の一種《いっしゅ》だ。ボギーにはいろいろな種類《しゅるい》がいるが、その姿《すがた》はおそろしく、子《こ》どもを食《た》べたり、連《つ》れ去《さ》ったりすることが多《おお》いという。

アンデルセンの童話《どうわ》に登場《とうじょう》する、小人《こびと》のような砂男《すなおとこ》。

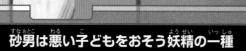

夜《よ》ふかしをする子《こ》の
目玉《めだま》を取《と》りにくる怪物《かいぶつ》
＼キミの周《まわ》りで起《お》きたら？／
夜《よる》はさっさと
ねてしまうしかない
砂男《すなおとこ》が目玉《めだま》を取《と》るのは、夜《よ》ふかしをする子《こ》どもだけだ。早《はや》くふとんに入《はい》れば、砂男《すなおとこ》は悪《わる》さはせず、いい夢《ゆめ》を見《み》せてくれるだろう。
砂《すな》袋《ふくろ》を
かかえている
悪《わる》い子《こ》の
目玉《めだま》を取《と》る

いやしの泉《いやしのいずみ》

奇跡《きせき》を起《お》こす 神《かみ》の力《ちから》が宿《やど》った泉《いずみ》

病《やまい》を治《なお》してくれるという、奇跡《きせき》を起《お》こす力《ちから》をもつ泉《いずみ》がある。フランス南部《なんぶ》の小《ちい》さな町《まち》にある泉《いずみ》で、「ルルドの泉《いずみ》」と呼《よ》ばれている。

この泉《いずみ》が見《み》つかったのは1857年《ねん》。ベルナデッタ・スビルーという14歳《さい》の少女《しょうじょ》の前《まえ》に聖母《せいぼ》マリアが出現《しゅつげん》した。その後《ご》もマリアはベルナデッタの前《まえ》に何《なん》度《ど》も現《あらわ》れ、9回目《かいめ》のときにマリアが告《つ》げた場所《ばしょ》をほると、泉《いずみ》がわき出《だ》したという。その泉《いずみ》の水《みず》にふれたり、飲《の》んだりすると、歩《ある》けなかった人《ひと》が歩《ある》けるようになるなど、驚《おどろ》くような奇跡《きせき》が次々《つぎつぎ》と起《お》こったのだ。不思議《ふしぎ》なことに、泉《いずみ》の水《みず》の成分《せいぶん》は、ふつうの水《みず》と変《か》わらないという。聖母《せいぼ》マリアによって、神《かみ》の力《ちから》が働《はたら》いているのかもしれない。

研究報告書《けんきゅうほうこくしょ》

キリスト教《きょう》の聖地《せいち》となった ルルドの泉《いずみ》

現在《げんざい》、ルルドの泉《いずみ》はキリスト教《きょう》の聖地《せいち》のひとつとなっている。マリアが現《あらわ》れた場所《ばしょ》には大聖堂《だいせいどう》が建《た》てられ、毎年《まいとし》、世界中《せかいじゅう》から多《おお》くの人々《ひとびと》が、泉《いずみ》の水《みず》を求《もと》めて訪《おとず》れている。泉《いずみ》を見《み》つけたベルナデッタは修道女《しゅうどうじょ》となり、1879年《ねん》に35歳《さい》で亡《な》くなった。だが不思議《ふしぎ》なことに、彼女《かのじょ》の遺体《いたい》はくさることがなかったという。遺体《いたい》は現在《げんざい》も、ヌヴェール市《し》の修道院《しゅうどういん》でガラスの棺《ひつぎ》に入《い》れられて安置《あんち》されているそうだ。

ヌヴェール市《し》の修道院《しゅうどういん》に安置《あんち》されているベルナデッタの遺体《いたい》。

DATA

場所《ばしょ》：フランス

タイプ：異常

危険度《きけんど》

こわさ　レア度《ど》

フランスの町《まち》
ルルドにある
聖母《せいぼ》マリアが
教《おし》えてくれた
病《やまい》を治《なお》す
奇跡《きせき》を起《お》こす
キミの周《まわ》りで起《お》きたら？
ボトルを持《も》っていき
水《みず》をいただこう
ルルドの泉《いずみ》の水《みず》は、ボトルなどにくんで自由《じゆう》に持《も》ち帰《かえ》ることができる。いやしの泉《いずみ》に感謝《かんしゃ》して、必要《ひつよう》な分《ぶん》だけ水《みず》を持《も》ち帰《かえ》ろう。

水晶《すいしょう》ドクロ

正確《せいかく》に作《つく》られた頭《ず》がい骨《こつ》のオーパーツ

その時代《じだい》の人間《にんげん》では、とうてい作《つく》ることが不可能《ふかのう》な人工物《じんこうぶつ》のことを「オーパーツ（場《ば》ちがいな人工物《じんこうぶつ》）」という。水晶《すいしょう》ドクロと呼《よ》ばれるアイテムも、オーパーツの一種《いっしゅ》だ。これらのアイテムには、当時《とうじ》はなかったはずの高《たか》い技《ぎ》術《じゅつ》や、当時《とうじ》の人々《ひとびと》がその時点《じてん》では知《し》らないはずの情報《じょうほう》がつめこまれている。

水晶《すいしょう》ドクロは人間《にんげん》の頭《ず》がい骨《こつ》の形《かたち》をした水晶《すいしょう》で、中南米《ちゅうなんべい》の遺跡《いせき》で発見《はっけん》された。ドクロの形《かたち》がとても正確《せいかく》であることと、刃物《はもの》を使《つか》ったあとがないことなどから、オーパーツだと信《しん》じられた。ただし、のちの調査《ちょうさ》で現代《げんだい》の人《ひと》が加工《かこう》したものではないかという報告《ほうこく》もあり、本物《ほんもの》のオーパーツかどうかははっきりしていない。

キミの周《まわ》りで起《お》きたら？

本当《ほんとう》にオーパーツかどうか調《しら》べてみよう

もしキミが古《ふる》い時代《じだい》の遺跡《いせき》で水晶《すいしょう》で作《つく》られたドクロを発見《はっけん》したら、オーパーツの可能性《かのうせい》がある！　専《せん》門家《もんか》の人《ひと》に調《しら》べてもらおう。

研究《けんきゅう》報告書《ほうこくしょ》

13個《こ》そろうと超古代文明《ちょうこだいぶんめい》が明《あき》らかに!?

水晶《すいしょう》ドクロには、13個《こ》集《あつ》まると地球《ちきゅう》の本当《ほんとう》の歴史《れきし》、そしてかつて存在《そんざい》したかもしれない超古代文明《ちょうこだいぶんめい》が明《あき》らかになるという伝説《でんせつ》がある。中南米《ちゅうなんべい》の遺跡《いせき》から発《はっ》見《けん》されたことから、古代《こだい》マヤ文明《ぶんめい》と関《かか》わりがあるのではないかと言《い》われている。また、オーパーツは水《すい》晶《しょう》ドクロだけではない。インドの「さびない鉄柱《てっちゅう》」や古代《こだい》ギリシアの「アンティキティラの歯車《はぐるま》」など、世界中《せかいじゅう》でたくさんのオーパーツが見《み》つかっている。

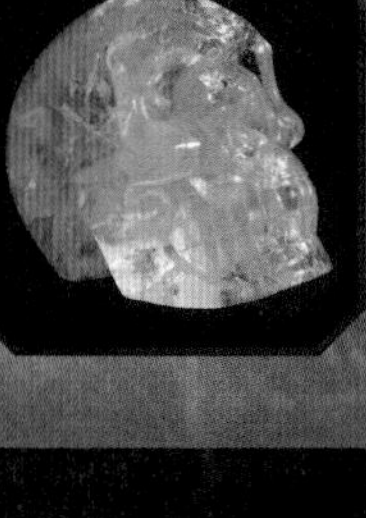

発掘《はっくつ》された水晶《すいしょう》ドクロ。

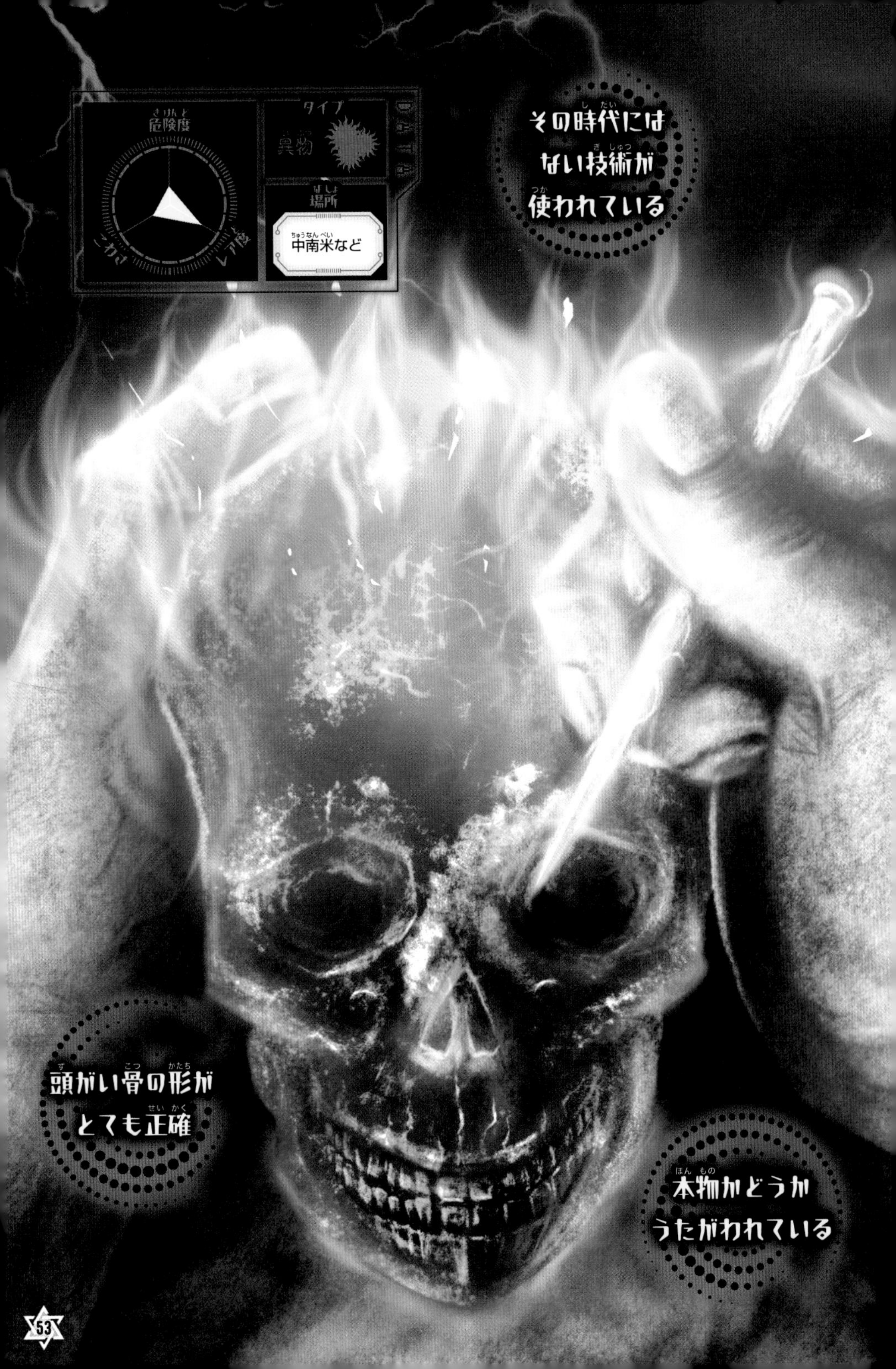
危険度《きけんど》
こわさ
レア度《ど》
タイプ
異物
場所《ばしょ》
中南米《ちゅうなんべい》など
DATA
その時代《じだい》には
ない技術《ぎじゅつ》が
使《つか》われている
頭《ず》がい骨《こつ》の形《かたち》が
とても正確《せいかく》
本物《ほんもの》かどうか
うたがわれている

第1章
遠《とお》くの景《け》色《しき》が見《み》えてしまう!?
どうして
こんな光景《こうけい》が
見《み》えるの!?
のぞみ!
だいじょうぶ?
火事《かじ》だ…
ウーウー
あら
消防車《しょうぼうしゃ》
かしら…?
…わたし
もうねるね
ウーウー
カンカン
ウーウー

待《ま》って！のぞみちゃん
急《きゅう》にどうしたの!?
見《み》えたの！
み、見《み》えた？
キーンコーン
危《あぶ》ない！
ガシャーン
よかった…間《ま》に合《あ》った
教室《きょうしつ》から植木《うえき》ばちが落《お》ちてきたんだ…
…それにしてもなんでわかったの？のぞみちゃん
わたしだって知《し》りたい
なぜ遠《とお》くのものが…出来事《できごと》が
見《み》えるのか

千里眼《せんりがん》

目《め》では見《み》えるはずのない、遠《とお》くにある風景《ふうけい》やかくされた状態《じょうたい》にある物《もの》を目《め》の前《まえ》にあるかのように見《み》ることができる超能力《ちょうのうりょく》。透視《とうし》（→P44）能力《のうりょく》と似《に》ているが、未来《みらい》を予知《よち》する力《ちから》もふくんでいることがある。千里眼《せんりがん》とは「千里《せんり》（約《やく》4000キロメートル）遠《とお》くを見《み》る目《め》」という意味《いみ》で、「遠隔透視《えんかくとうし》」や「遠方透視《えんぽうとうし》」とも呼《よ》ばれる。

千里眼《せんりがん》は、昔《むかし》から世界中《せかいじゅう》で報告《ほうこく》されている。日本《にほん》では、江戸時代《えどじだい》に江戸《えど》（現在《げんざい》の東京《とうきょう》）から長崎《ながさき》へひっこした男《おとこ》が、江戸《えど》にいるはずの母親《ははおや》の姿《すがた》を見《み》た話《はなし》や、スウェーデンでは、18世紀《せいき》にスウェーデンボリという人物《じんぶつ》が、500キロも離《はな》れた場所《ばしょ》で起《お》こっていた火《か》事《じ》を見《み》たという話《はなし》もある。

かくされた物《もの》も見《み》える

キミの周《まわ》りで起《お》きたら?!

訓練《くんれん》しだいで千里眼《せんりがん》の持《も》ち主《ぬし》になれる!?

千里眼《せんりがん》の訓練《くんれん》はふたりで行《おこな》う。ひとりが物《もの》を箱《はこ》にかくし、もうひとりは別《べつ》の部屋《へや》で頭《あたま》に浮《う》かぶまで集《しゅう》中《ちゅう》してイメージするという方法《ほうほう》だ。

研究《けんきゅう》報告書《ほうこくしょ》

千里眼《せんりがん》を利用《りよう》しようとした「スターゲイト計画《けいかく》」

アメリカでは、陸軍《りくぐん》が千里眼《せんりがん》を真剣《しんけん》に研究《けんきゅう》し、スパイ活動《かつどう》などの軍事作戦《ぐんじさくせん》に利用《りよう》しようとしていたという。その秘密《ひみつ》の計画《けいかく》は「スターゲイト計《けい》画《かく》」と呼《よ》ばれ、実際《じっさい》に1995年《ねん》まで行《おこな》われていたそうだ。この計画《けいかく》のひとり目《め》の参加者《さんかしゃ》は、ジョー・マクモニーグルという人物《じんぶつ》。彼《かれ》は最強《さいきょう》の千《せん》里眼《りがん》の能力者《のうりょくしゃ》と言《い》われており、陸軍《りくぐん》の情報官《じょうほうかん》として活《かつ》やくしたそうだ。日本《にほん》でも「FBI超能力捜査官《エフビーアイちょうのうりょくそうさかん》」として、メディアで紹介《しょうかい》されている。

FBI超能力捜査官《エフビーアイちょうのうりょくそうさかん》として知《し》られるジョー・マクモニーグル。

DATA

場所《ばしょ》	タイプ
日本《にほん》など	異能

危険度《きけんど》

こわさ

レア度

遠《とお》くの風景《ふうけい》が
見《み》える
遠《とお》くにある物《もの》や風景《ふうけい》を
見《み》ることができる超能力《ちょうのうりょく》
未来《みらい》を予知《よち》する
こともある

第1章

怪光オーブ《かいとうおーぶ》

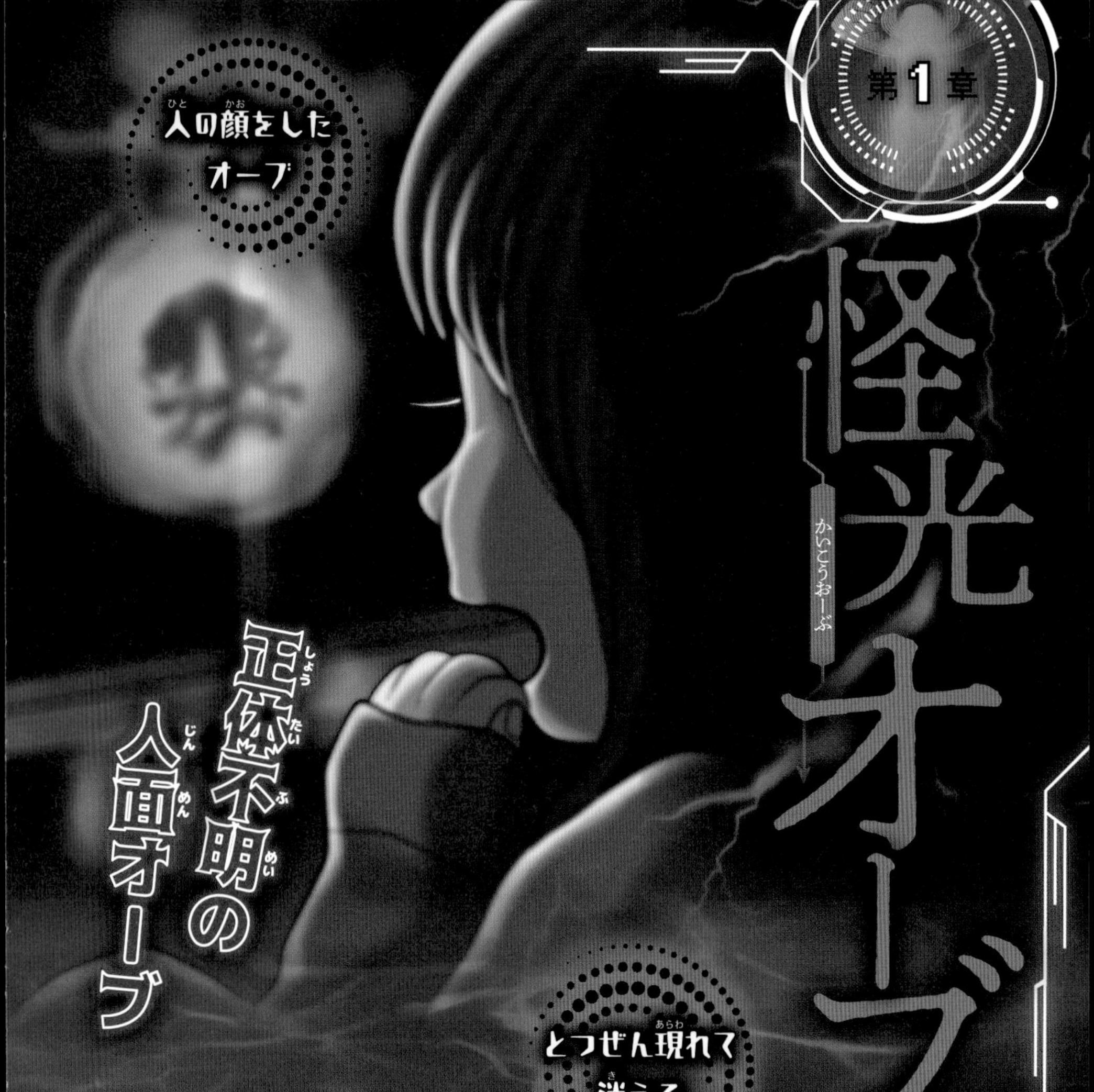

人《ひと》の顔《かお》をしたオーブ

正《しょう》体《たい》不《ふ》明《めい》の人《じん》面《めん》オーブ

とつぜん現《あらわ》れて消《き》える

　写真《しゃしん》を撮《と》ると、たまに白《しろ》い光《ひかり》の球《たま》が写《うつ》りこんでいることがある。この不思《ふし》議《ぎ》な光《ひかり》の玉《たま》は「オーブ」と呼《よ》ばれている。たまたまその場《ば》にいた霊魂《れいこん》や幽霊《ゆうれい》が写《うつ》りこんだものとも、ホコリなどに光《ひかり》が反射《はんしゃ》したものとも言《い》われている。

　一方《いっぽう》、光《ひかり》の反射《はんしゃ》とは思《おも》えないようなきみょうなオーブも目撃《もくげき》されている。

　そのオーブは、人間《にんげん》の顔《かお》のような形《かたち》をしているのだ。2005年《ねん》、アメリカでは会社員《かいしゃいん》がビルの倉庫《そうこ》を撮影《さつえい》したと

DATA

危険度《きけんど》
こわさ
レア度

タイプ
異常《いじょう》
玉

場所《ばしょ》
世界中《せかいじゅう》

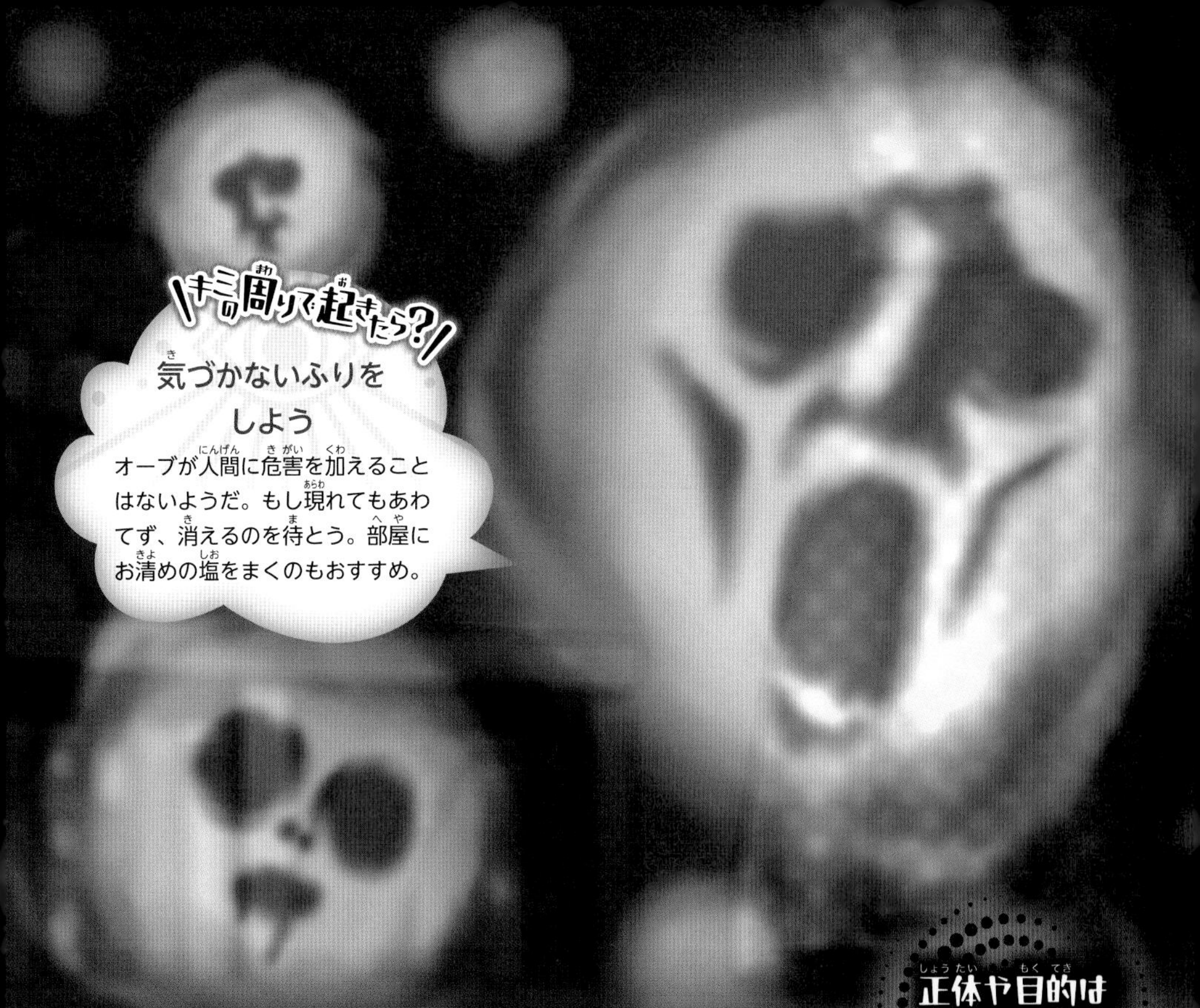

ころ、人《ひと》の顔《かお》をしたオーブが写《うつ》っていた。2010年《ねん》には、オーストラリアに住《す》む青年《せいねん》の寝室《しんしつ》に、夜《よる》になると人《ひと》の顔《かお》のオーブが何度《なんど》も現《あらわ》れたという。
このきみょうなオーブの正体《しょうたい》や、現《あらわ》れる目的《もくてき》はなぞに包《つつ》まれている。

正体《しょうたい》や目的《もくてき》は不明《ふめい》

キミの周《まわ》りで起《お》きたら？

気《き》づかないふりをしよう

オーブが人間《にんげん》に危害《きがい》を加《くわ》えることはないようだ。もし現《あらわ》れてもあわてず、消《き》えるのを待《ま》とう。部屋《へや》にお清《きよ》めの塩《しお》をまくのもおすすめ。

研究報告書《けんきゅうほうこくしょ》

オーブの正体《しょうたい》はエイリアン？

オーストラリアの青年《せいねん》は、オーブの正体《しょうたい》をつきとめようと部屋《へや》にビデオカメラを設置《せっち》した。すると、何《なに》もない空間《くうかん》から人《ひと》の顔《かお》のオーブがとつぜん現《あらわ》れ、しばらくして消《き》えていったという。中《なか》には、体《からだ》のようなものが見《み》えているものもいて、約《やく》1.2メートルほどの大《おお》きさだった。は虫類《ちゅうるい》に似《に》た顔《かお》をしていて、グレイというエイリアンそっくりだったそうだ。グレイが異空間《いくうかん》から霊体《れいたい》で姿《すがた》を見《み》せたのだろうか？

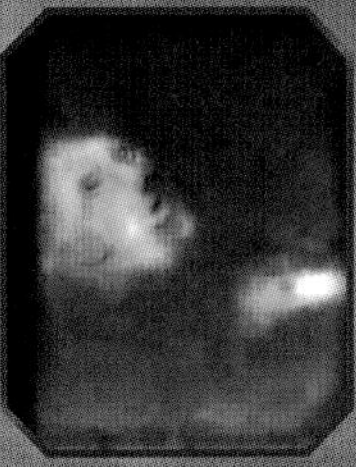

オーストラリアの青年《せいねん》の家《いえ》に現《あらわ》れたという人面《じんめん》オーブ。

第1章

不老不死《ふろうふし》

年《とし》をとらず、死《し》ぬこともない人間《にんげん》なんて、本当《ほんとう》にいるのだろうか？　実《じつ》はひとりだけ、「不老不死《ふろうふし》の人間《にんげん》」として知《し》られている人物《じんぶつ》がいる。その名《な》も、サンジェルマン伯爵《はくしゃく》だ。

彼《かれ》が現《あらわ》れたのは、1700年代《ねんだい》のフランスの社交界《しゃこうかい》。見《み》た目《め》は50歳《さい》ほどだが「現在《げんざい》は4000歳《さい》だ」と言《い》っていたという。彼《かれ》を知《し》る者《もの》は、50年前《ねんまえ》と比《くら》べて少《すこ》しも年《とし》をとっていなかったと証言《しょうげん》している。また、長生《ながい》きの証拠《しょうこ》であるように、彼《かれ》は多《おお》くの言葉《ことば》を操《あやつ》った。また、陽気《ようき》で歴史《れきし》にくわしく、実際《じっさい》に見《み》てきたかのように話《はな》したという。1784年《ねん》にドイツで死《し》んだとされているが、1800年代《ねんだい》になっても目撃者《もくげきしゃ》は後《あと》を絶《た》たなかった。

DATA

場所《ばしょ》
フランスなど

タイプ
異能

危険度《きけんど》
こわさ
レア度

キミの周《まわ》りで起《お》きたら？

話《はなし》に耳《みみ》をかたむけてみよう！

もし、歴史《れきし》を見《み》てきたかのように話《はな》す明《あか》るい50代《だい》の男性《だんせい》と出会《であ》ったら、サンジェルマン伯爵《はくしゃく》かもしれない。話《はなし》を聞《き》いてみよう。

研究《けんきゅう》報告書《ほうこくしょ》

長寿《ちょうじゅ》なのは賢者《けんじゃ》の石《いし》の力《ちから》か？

サンジェルマン伯爵《はくしゃく》は、すぐれた錬金術師《れんきんじゅつし》だったと言《い》われている。錬金術《れんきんじゅつ》とは、鉄《てつ》などから金《きん》を作《つく》り出《だ》す技術《ぎじゅつ》を研究《けんきゅう》する学問《がくもん》。この技術《ぎじゅつ》を用《もち》いれば、不老不死《ふろうふし》になれるという「賢者《けんじゃ》の石《いし》」を作《つく》れると信《しん》じられていた。サンジェルマン伯爵《はくしゃく》は「エリクサーという水《みず》を飲《の》んでいたために長寿《ちょうじゅ》だった」と証言《しょうげん》している。その水《みず》の正体《しょうたい》は、錬金術《れんきんじゅつ》で作《つく》った賢《けん》者《じゃ》の石《いし》を液体《えきたい》にしたものではないかとも考《かんが》えられている。

社交界《しゃこうかい》に現《あらわ》れたというサンジェルマン伯爵《はくしゃく》の肖像画《しょうぞうが》。

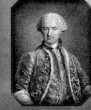

4000年《ねん》以上《いじょう》も生《い》きている男《おとこ》
歴史《れきし》を見《み》てきたように話《はな》す
見《み》た目《め》は50歳《さい》くらい
実《じつ》は4000歳《さい》？

ドッペルゲンガー《どっぺるげんがー》

自分《じぶん》と同《おな》じ
人間《にんげん》が現《あらわ》れる

出会《であ》うと
死《し》ぬ
かもしれない

まったく同《おな》じ人物《じんぶつ》がふたり存在《そんざい》し、ちがう場所《ばしょ》に同時《どうじ》に現《あらわ》れることをドッペルゲンガーという。ドイツ語《ご》で「分《ぶん》身《しん》」という意味《いみ》だ。自分《じぶん》でもうひとりの自分《じぶん》を見《み》つける場合《ばあい》もあれば、自分《じぶん》がいなかった場所《ばしょ》で見《み》かけたと言《い》われて知《し》ることもある。もうひとりの自分《じぶん》の正体《しょうたい》は、肉体《にくたい》をもたない霊魂《れいこん》、自分《じぶん》の生《い》き霊《りょう》だと言《い》われており、不吉《ふきつ》な存《そん》在《ざい》とされている。そのため、ドッペルゲンガーに出会《であ》ってしまうと死《し》ぬという都市伝説《としでんせつ》も生《う》まれている。

またドッペルゲンガーと似《に》た現象《げんしょう》にバイロケーションというものがある。これは、自《みずか》らの意志《いし》で意識《いしき》を分離《ぶんり》させ、ちがう場所《ばしょ》にもうひとりの自分《じぶん》を出現《しゅつげん》させることができる能力《のうりょく》だ。

研究《けんきゅう》報告書《ほうこくしょ》

もうひとりの自分《じぶん》は何《なに》をしているのか？

ドッペルゲンガーの場合《ばあい》、分身《ぶんしん》のほうの自分《じぶん》は、話《はな》しかけても答《こた》えない、動《うご》きがぎこちないなどの特《とく》ちょうがあるようだ。一方《いっぽう》で、バイロケーションの場合《ばあい》は、分身《ぶんしん》も話《はな》すことができ、本人《ほんにん》と同《おな》じ動《うご》きをするという。また、日本《にほん》にも「こいとさん」というドッペルゲンガーによく似《に》た都市《とし》伝説《でんせつ》がある。こいとさんの場合《ばあい》は、自分《じぶん》が死《し》ぬときの姿《すがた》をしており、2回出会《かいであ》うと死《し》んでしまうと言《い》われている。

自《みずか》ら分身《ぶんしん》を生《う》み出《だ》す能力者《のうりょくしゃ》もいる

別《べつ》の場《ば》所《しょ》に現《あらわ》れる もうひとりの自《じ》分《ぶん》

キミの周《まわ》りで起《お》きたら？

もうひとりの自分《じぶん》に出会《であ》ってはいけない

出会《であ》うと命《いのち》を落《お》とす危険《きけん》がある。急《きゅう》な出会《であ》いはさけることが難《むずか》しいが、もし「似《に》た人《ひと》がいたよ」と教《おし》えられても探《さが》してはいけない。

DATA

危険度《きけんど》

こわさ

レア度

タイプ

異常

場所《ばしょ》

世界中《せかいじゅう》

異能《いのう》の力《ちから》は存在《そんざい》するのか…!?

「超能力《ちょうのうりょく》」とは何《なに》か？

空《そら》を飛《と》ぶ、物《もの》を動《うご》かす、遠《とお》くを見《み》る。ふつうの人間《にんげん》では実現不可能《じつげんふかのう》な能力《のうりょく》は、本当《ほんとう》に存在《そんざい》するのか？　過去《かこ》の事例《じれい》を元《もと》に真実《しんじつ》に迫《せま》ってみよう。

感覚的《かんかくてき》な超能力《ちょうのうりょく》「ESP《イーエスピー》」

超能力《ちょうのうりょく》とは、現在《げんざい》の科学《かがく》では説明《せつめい》できない超常現象《ちょうじょうげんしょう》で、人間《にんげん》がもつ特別《とくべつ》な能力《のうりょく》のことだ。人間《にんげん》ばなれした不思議《ふしぎ》な能力《のうりょく》を使《つか》ったとされる人《ひと》は昔《むかし》からたくさんいる。しかし、彼《かれ》らの能力《のうりょく》の正体《しょうたい》は、いまだに解《と》き明《あ》かされていない。

研究者《けんきゅうしゃ》によると、超能力《ちょうのうりょく》には大《おお》きく分《わ》けて「ESP《イーエスピー》」と「PK《ピーケー》」というふたつの種類《しゅるい》があるという。ひとつめのE《イー》SP《エスピー》とは見《み》えないはずのものを見《み》る「透視《とうし》（↓P44）」や心《こころ》に思《おも》い浮《う》かべるだけでメッセージを伝《つた》える「テレパシー」、未来《みらい》に起《お》きることがわかる「予知《よち》」といった感覚的《かんかくてき》な能力《のうりょく》のことだ。

人間《にんげん》の肉体《にくたい》には、この世界《せかい》を感《かん》じるために視覚《しかく》、聴覚《ちょうかく》、味覚《みかく》、嗅覚《きゅうかく》、触覚《しょっかく》の五感《ごかん》がそなわっている。ESP《イーエスピー》は、これらの五感《ごかん》にたよることなく刺激《しげき》を感《かん》じたり、情報《じょうほう》を得《え》たりする能力《のうりょく》（第六感《だいろっかん》）なのだ。

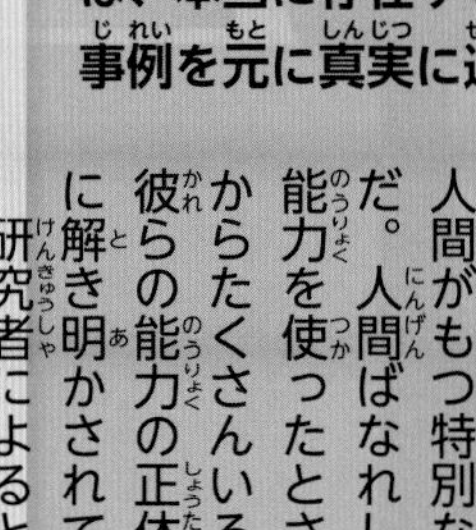

オランダ出身《しゅっしん》の有名《ゆうめい》な透視能力者《とうしのうりょくしゃ》、ピーター・フルコス。

物理的《ぶつりてき》な超能力《ちょうのうりょく》「PK《ピーケー》」

超能力《ちょうのうりょく》の種類《しゅるい》のもうひとつは、PK《ピーケー》と呼《よ》ばれる。これは手《て》をふれずに物体《ぶったい》を自在《じざい》に操《あやつ》る念動力《ねんどうりょく》「サイコキネシス（↓P12）」の略《りゃく》だ。自分《じぶん》の体《からだ》を浮《う》かばせる「空中浮揚《くうちゅうふよう》（↓P42）」や一瞬《いっしゅん》で別《べつ》の場所《ばしょ》に移動《いどう》する「瞬間移動《しゅんかんいどう》（↓P30）」、心《こころ》に念《ねん》じるだけでイメージを

これまでに報告《ほうこく》された「超能力《ちょうのうりょく》」

テレパシー

相手《あいて》が目《め》の前《まえ》にいないにもかかわらず、心《こころ》に思《おも》い浮《う》かべたイメージを伝《つた》える能力《のうりょく》。言葉《ことば》や体《からだ》の動《うご》きなどを使《つか》わずに行《おこな》われる。代表的《だいひょうてき》なＥＳＰ《イーエスピー》の超能力《ちょうのうりょく》。

予知《よち》

超感覚《ちょうかんかく》にもとづいて、脳内《のうない》に浮《う》かぶ映像《えいぞう》などから未来《みらい》に起《お》きることを知《し》る能力《のうりょく》。ＥＳＰ《イーエスピー》の一種《いっしゅ》で、ねむっているときに未来《みらい》の情報《じょうほう》を知《し》る「予知夢《よちむ》」もある。

幻姿《げんし》

その場《ば》にいない人《ひと》や動物《どうぶつ》が姿《すがた》を現《あらわ》すことであり、その姿《すがた》を見《み》る能力《のうりょく》。幽霊《ゆうれい》も幻姿《げんし》であるという。「アパリション」ともいい、Ｅ《イー》ＳＰ《エスピー》の一種《いっしゅ》とされる。

サイコメトリー

物《もの》にふれるだけで、その物《もの》の持《も》ち主《ぬし》の情報《じょうほう》などを読《よ》み取《と》る能力《のうりょく》。物《もの》にまつわる現在《げんざい》の情報《じょうほう》だけでなく、過去《かこ》や未来《みらい》もわかるという。透視《とうし》の一種《いっしゅ》とされる。

アポーツ

遠《とお》くにある物体《ぶったい》を、一瞬《いっしゅん》で目《め》の前《まえ》に出現《しゅつげん》させる能力《のうりょく》。瞬間移動《しゅんかんいどう》の一種《いっしゅ》で、物質《ぶっしつ》の形《かたち》を変《か》えて転送《てんそう》し、ふたたび元《もと》の形《かたち》にもどしているとする仮説《かせつ》がある。

アニマルＥＳＰ《イーエスピー》

動物《どうぶつ》にそなわっているとされる超感覚《ちょうかんかく》のこと。優《すぐ》れた感覚《かんかく》をもつ動物《どうぶつ》は、超常現象《ちょうじょうげんしょう》にも反応《はんのう》できるとされ、災害《さいがい》や飼《か》い主《ぬし》の死《し》を予知《よち》するペットもいる。

念写《ねんしゃ》

心《こころ》にイメージを思《おも》い浮《う》かべた人《じん》物《ぶつ》や風景《ふうけい》を、念《ねん》じるだけで写真《しゃしん》のフィルムに写《うつ》すことができる能力《のうりょく》。透視《とうし》の能力者《のうりょくしゃ》だった長尾《ながお》郁子《いくこ》の実験中《じっけんちゅう》に発動《はつどう》したという。

透視《とうし》の能力者《のうりょくしゃ》であり、念写《ねんしゃ》もできたという長尾郁子《ながおいくこ》。

写真《しゃしん》のフィルムに写《うつ》し出《だ》す「念写《ねんしゃ》」などもＰＫ《ピーケー》の一種《いっしゅ》である。念《ねん》じるだけで、人《ひと》や物《ぶつ》体《たい》になんらかの働《はたら》きかけをするという、科学《かがく》では説明《せつめい》不可《ふか》能《のう》な物理的《ぶつりてき》な現象《げんしょう》を起《お》こす超《ちょう》能力《のうりょく》を指《さ》す。

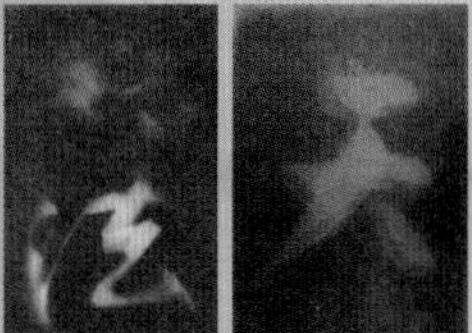

超能力者《ちょうのうりょくしゃ》の高橋貞子《たかはしさだこ》が、念写《ねんしゃ》で写《うつ》し出《だ》したという２枚《まい》の写真《しゃしん》。

超《ちょう》能《のう》力《りょく》の研《けん》究《きゅう》は今《いま》も続《つづ》いている！

超能力《ちょうのうりょく》の研究《けんきゅう》は続《つづ》く……

ＥＳＰ《イーエスピー》やＰＫ《ピーケー》という用語《ようご》は、１９３４年《ねん》にアメリカの超心《ちょうしん》理学者《りがくしゃ》であるジョゼフ・Ｂ・ライン博士《はかせ》が使《つか》いはじめたと言《い》われている。彼《かれ》は、「超心《ちょうしん》理学《りがく》」の研究者《けんきゅうしゃ》で、それまでは心霊現象《しんれいげんしょう》とされていた不思《ふし》議《ぎ》な現象《げんしょう》をＥＳＰ《イーエスピー》とＰＫ《ピーケー》に分《ぶん》類《るい》し、超能力《ちょうのうりょく》についてさまざまな研究《けんきゅう》や実験《じっけん》をした。超心《ちょうしん》理学《りがく》とは、超常現象《ちょうじょうげんしょう》や超能力《ちょうのうりょく》について研究《けんきゅう》を行《おこな》う学問《がくもん》だ。また、超心理学《ちょうしんりがく》の一分野《いちぶんや》に、超能力《ちょうのうりょく》を物理学《ぶつりがく》の分野《ぶんや》からも研究《けんきゅう》しようとする「超物理学《ちょうぶつりがく》」という学問《がくもん》もある。

現在《げんざい》も、心理学者《しんりがくしゃ》や物理学《ぶつりがく》者《しゃ》が、「超能力《ちょうのうりょく》は存在《そんざい》するのか？」「超能力《ちょうのうりょく》とは何《なに》か？」というなぞを解明《かいめい》するために研《けん》究《きゅう》を続《つづ》けている。今《いま》はわかっていないことが多《おお》いが、このまま研究《けんきゅう》が進《すす》めば超能力《ちょうのうりょく》についての真実《しんじつ》が、明《あき》らかになるかもしれない。

超常怪奇人物伝《ちょうじょうかいきじんぶつでん》

20世紀《せいき》に活動《かつどう》していたオランダ人《じん》の探偵《たんてい》クロワゼット。彼《かれ》の調査方法《ちょうさほうほう》は、なんと透視能力《とうしのうりょく》を使《つか》ったものだった！　殺人事件《さつじんじけん》も解決《かいけつ》したことがあるというクロワゼットとは、いったいどんな人物《じんぶつ》なのだろうか!?

超《ちょう》能《のう》力《りょく》探《たん》偵《てい》クロワゼット

透視能力《とうしのうりょく》で事件《じけん》を解決《かいけつ》!?

幼《おさな》いころに超能力《ちょうのうりょく》が開花《かいか》した？

ジェラルド・クロワゼットは、1909年《ねん》にオランダで生《う》まれた。彼《かれ》は、すぐれた透視《とうし》（→P44）能力《のうりょく》をもつだけでなく、物体《ぶったい》にふれるだけでさまざまな情報《じょうほう》を読《よ》み取《と》ることができる力《ちから》（サイコメトリー→P65）をもつ「サイコメトラー」でもあった。

彼《かれ》は幼《おさな》いころ、川《かわ》でおぼれて死《し》にかけた経験《けいけん》があるという。それ以来《いらい》、超《ちょう》能力《のうりょく》を使《つか》えるようになったと言《い》われている。死《し》ぬ寸前《すんぜん》まで追《お》いつめられたことで、ねむっていた能力《のうりょく》が引《ひ》き出《だ》されたのかもしれない。

クロワゼットは、何《なん》か国《こく》もの警察《けいさつ》に力《ちから》を貸《か》し、透視《とうし》やサイコメトリーによって、ゆくえ不明者《ふめいしゃ》を次々《つぎつぎ》と見《み》つけ、難事件《なんじけん》を解決《かいけつ》していった。

なかでも日本中《にほんじゅう》をおどろかせたのは、日本《にほん》のとあるテレビ番組《ばんぐみ》で、ゆくえ不《ふ》明《めい》になっていた少女《しょうじょ》を透視《とうし》し、警察《けいさつ》よりも早《はや》く見《み》つけ出《だ》したことだ。

日本《にほん》の未解決事件《みかいけつじけん》の調査《ちょうさ》をたのむ

1976年《ねん》5月《がつ》3日《か》、オランダからクロワゼットが来日《らいにち》した。あるテレビ局《きょく》が超能力特集《ちょうのうりょくとくしゅう》の番組《ばんぐみ》を作《つく》るため、超《ちょう》能力探偵《のうりょくたんてい》として有名《ゆうめい》だったクロワゼットをゲストとして呼《よ》んだのだ。そこで番組制作《ばんぐみせいさく》スタッフは、2日《か》前《まえ》に起《お》きたある事件《じけん》を彼《かれ》に解決《かいけつ》してもらってはどうかと考《かんが》えた。実《じつ》は5月《がつ》1日《ついたち》、当時《とうじ》7歳《さい》のMちゃんがゆくえ不明《ふめい》になった事《じ》

件《けん》が起《お》きており、警察《けいさつ》が200人以上《にんいじょう》で探《さが》していたが、一向《いっこう》に見《み》つからなかったのだ。

5月《がつ》4日《か》午後《ごご》5時《じ》、クロワゼットは透視《とうし》を始《はじ》めた。そして5日《か》の午前《ごぜん》6時《じ》半《はん》、クロワゼットの頭《あたま》に、ついにとある光景《こうけい》が浮《う》かんだ。

「早《はや》く、紙《かみ》とペンを！」

クロワゼットは頭《あたま》に浮《う》かんだ光景《こうけい》を書《か》きはじめ、そこにMちゃんの遺体《いたい》があることを伝《つた》えた。

番組《ばんぐみ》スタッフは、現地《げんち》の取材《しゅざい》によりその場所《ばしょ》が、とあるダムであることをつき止《と》め、現場《げんば》に急行《きゅうこう》した。この時点《じてん》では「本当《ほんとう》に超能力《ちょうのうりょく》で事件《じけん》が解決《かいけつ》するなんてあり得《え》るのだろうか？」と疑《うたが》っていたという。ところが……。

「あ、あれはなんだ？」

「ま、まさか、人《ひと》……!?」

午前《ごぜん》6時《じ》53分《ぷん》、現場《げんば》でカメラを回《まわ》しはじめたスタッフは、ダムに浮《う》かんでいる何《なに》かを見《み》つけた。通報《つうほう》を受《う》けた警察《けいさつ》がすぐにかけつけ、それがMちゃんの遺体《いたい》であることがわかった。Mちゃんはひとりで遊《あそ》んでいたとき、足《あし》をすべらせてダムに落《お》ちていたのだった。

これらの一部始終《いちぶしじゅう》はカメラにおさめられ、その日《ひ》の午後《ごご》7時《じ》半《はん》、映像《えいぞう》が一挙《いっきょ》に放送《ほうそう》された。視聴率《しちょうりつ》は30パーセントを超《こ》えたといい、番組《ばんぐみ》には3000本《ぼん》もの電話《でんわ》がかかってきたという。

自《みずか》らの死期《しき》も見通《みとお》していた？

クロワゼットは、1980年《ねん》に71歳《さい》で生涯《しょうがい》を終《お》えるまで、何百件《なんびゃくけん》もの事件《じけん》を解決《かいけつ》したといわれている。

日本《にほん》には1976年《ねん》12月《がつ》にも来日《らいにち》しているが、そのときに「また来《き》てください」とたのんだスタッフに対《たい》し、「もうすぐガンで死《し》ぬからもう来《こ》られないよ」と言《い》ったそうだ。彼《かれ》はその能力《のうりょく》によって、自分《じぶん》の死《し》ぬ時期《じき》も察《さっ》していたのかもしれない。

第《だい》2章《しょう》

身《み》近《ぢか》な怪《かい》異《い》

とつぜん物《もの》がこわれた
かべのしみが顔《かお》に見《み》えた
写真《しゃしん》を撮《と》ったら
こわいものが写《うつ》っていた

認定《にんてい》！

いつもの風景《ふうけい》にほんの少《すこ》しの
ちがいはひそんでいないか？

怪異《かいい》はキミの
すぐそばで起《お》きている

しのびよる恐怖《きょうふ》の気配《けはい》を
本当《ほんとう》はキミも
感《かん》じているだろう……

第2章 部《へ》屋《や》で さわぎ出《だ》す霊《れい》

!
キキキ
となりのマンションの男《おとこ》の子《こ》交《こう》通《つう》事《じ》故《こ》だって
あらやだ こわいわね
男《おとこ》の子《こ》の家《か》族《ぞく》はひっこすって言《い》ってたよ
数《すう》か月《げつ》後《ご》
わ〜 ここがわたしの部《へ》屋《や》!?

荷物《にもつ》まだあるんだから手伝《てつだ》って！
重《おも》いから無理《むり》しなくていいぞ
はーい
ガキイッ
？
えっ
タ
な
なに
ガタ
ガタ
パパ
ママ

地震《じしん》なかったわよ
ひっこしでつかれたんだよ
キ…
パチッ
バン
ドン
バン
ママ
パパ

なんともないぞ
う…
ううう
ここはぼくの家《いえ》…
ぼくの部屋《へや》…
だれ…
だれかいる…

ポルターガイスト《ぽるたーがいすと》

だれもさわっていないのに、部屋《へや》の物《もの》が勝手《かって》に動《うご》いたり、ドアやかべをたたくような音《おと》が聞《き》こえたりする不思議《ふしぎ》な現象《げんしょう》のこと。部屋《へや》を調《しら》べても原因《げんいん》がわからず、移動《いどう》する物《もの》にあたってもケガをしないこともあるなど、不明《ふめい》な点《てん》が多《おお》い。ポルターガイストとは、ドイツ語《ご》で「騒霊《そうれい》（さわぐ幽霊《ゆうれい》）」という意味《いみ》だ。つまり、これらは悪霊《あくりょう》のしわざだと考《かんが》える説《せつ》が有力《ゆうりょく》だ。

この異常《いじょう》な現象《げんしょう》は、数日《すうじつ》で終《お》わることもあれば、数年続《すうねんつづ》くこともあるという。また、10代《だい》の少年少女《しょうねんしょうじょ》の身《み》の回《まわ》りで起《お》きることが多《おお》いため、彼《かれ》らが悪霊《あくりょう》に取《と》りつかれてしまったか、無意識《むいしき》にサイコキネシス（→P16）を使《つか》っているという超心理学的《ちょうしんりがくてき》な説《せつ》もある。

研究報告書《けんきゅうほうこくしょ》

少女《しょうじょ》をなやませた悪霊《あくりょう》

イギリスでは1950年代《ねんだい》にロンドンに住《す》む一家《いっか》が、12年間《ねんかん》もポルターガイストになやまされた事件《じけん》がある。15歳《さい》の少女《しょうじょ》シャーリーの身《み》の回《まわ》りで、かべをひっかくような音《おと》が聞《き》こえたり、フライパンや皿《さら》が部屋《へや》を飛《と》び回《まわ》ったりするようになったのだ。原因不明《げんいんふめい》の事件《じけん》は話題《わだい》となり、元貴族《もときぞく》の悪霊《あくりょう》のしわざとされて悪魔《あくま》ばらいを行《おこな》ったが失敗《しっぱい》した。少女《しょうじょ》が引《ひ》っ越《こ》すと、悪霊《あくりょう》はメッセージを残《のこ》して消《き》えたという。

キミの周《まわ》りで起《お》きたら？

物《もの》が動《うご》いても気《き》づかないふりをしよう

いたずら好《す》きの悪霊《あくりょう》のしわざかもしれないので、こわがると喜《よろこ》ばせてしまう。気《き》づかないふりをして無視《むし》するのがいいだろう。

DATA

危険度《きけんど》

タイプ：異常《いじょう》

場所《ばしょ》：世界中《せかいじゅう》

勝《かっ》手《て》に物《もの》が動《うご》き出《だ》す
異《い》常《じょう》現《げん》象《しょう》!
物《もの》が
勝手《かって》に動《うご》く
悪霊《あくりょう》のしわざだと
考《かんが》えられている
少年少女《しょうねんしょうじょ》の近《ちか》くで
起《お》きることが多《おお》い

第2章 グレムリン《ぐれむりん》

とつぜん携帯電話《けいたいでんわ》などの機械《きかい》がこわれたら、ひょっとしたらグレムリンのいたずらかもしれない。グレムリンとは、機械《きかい》いじりが大好《だいす》きな小《ちい》さな鬼《おに》のような妖精《ようせい》だ。身長《しんちょう》は15センチ～50センチくらいで、小鬼《こおに》のような見《み》た目《め》、足《あし》にヒレがついているなど、その姿《すがた》はさまざま。赤《あか》い上着《うわぎ》と緑《みどり》の半《はん》ズボンを身《み》につけているとも言《い》われている。
戦争中《せんそうちゅう》、外国《がいこく》の飛行機《ひこうき》や工場《こうじょう》にたびたび現《あらわ》れ、電線《でんせん》を食《く》いちぎったり、機《き》体《たい》に穴《あな》を開《あ》けたり、燃料《ねんりょう》を飲《の》んだりといったいたずらをして、わざと飛行機《ひこうき》をこわすこともあったという。一方《いっぽう》、操縦士《そうじゅうし》に正《ただ》しい指示《しじ》を出《だ》して、そうなんしかけた飛行機《ひこうき》を助《たす》けたという目撃《もくげき》情報《じょうほう》もある。

DATA

場所《ばしょ》
イギリスなど

タイプ
怪物《かいぶつ》

危険度《きけんど》

こわさ
レア度

機械《きかい》を分解《ぶんかい》する いたずら好《ず》きな小鬼《こおに》

人《ひと》を直接《ちょくせつ》おそうことはない

研究《けんきゅう》報告書《ほうこくしょ》

リンドバーグもグレムリンを目撃《もくげき》！

1927年《ねん》、飛行機《ひこうき》で初《はじ》めて大西洋《たいせいよう》を横断《おうだん》したチャールズ・リンドバーグも、機内《きない》でグレムリンを目撃《もくげき》している。フライトから９時間後《じかんご》、きりに包《つつ》まれた不思議《ふしぎ》な生物《せいぶつ》が、機体《きたい》の中《なか》をたくさん動《うご》き回《まわ》っていたという。彼《かれ》らはリンドバーグに親《した》しげに話《はな》しかけ、このフライトが安全《あんぜん》であることを教《おし》えてくれたという。リンドバーグはこのときの体験《たいけん》を本《ほん》に書《か》き、1953年《ねん》に出版《しゅっぱん》している。

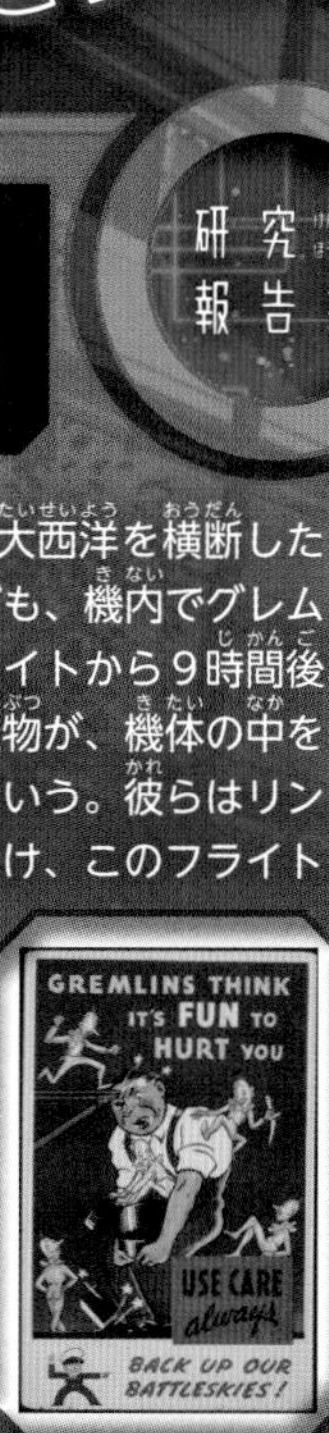

GREMLINS THINK IT'S FUN TO HURT YOU
USE CARE always
BACK UP OUR BATTLESKIES!

☞戦争中《せんそうちゅう》に作《つく》られた工場《こうじょう》の安全《あんぜん》ポスター。グレムリンがモチーフとなっている。

キミの周《まわ》りで起《お》きたら？

グレムリンにおそなえものをしよう

もしいたずらされたら、機械《きかい》のそばにあめ玉《だま》などを置《お》いておこう。おそなえものに満足《まんぞく》して、いたずらをやめてくれるかもしれない。

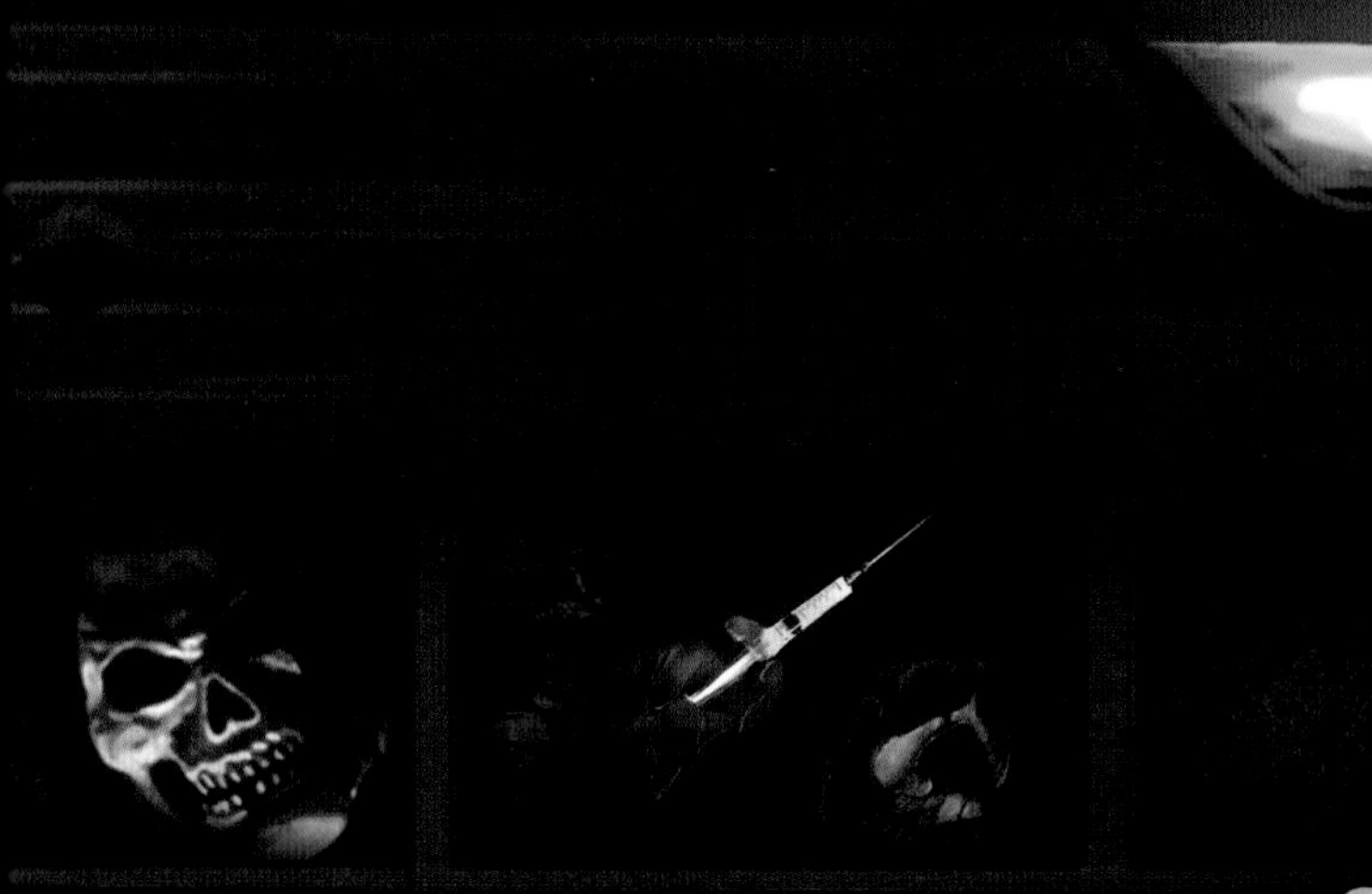

黒い救急車《くろいきゅうきゅうしゃ》

子《こ》どもをさらう真《ま》っ黒《くろ》な車《くるま》

キミの周《まわ》りで起《お》きたら？

目撃《もくげき》したらすぐににげる！

もしさらわれてしまえば命《いのち》を落《お》とす危険《きけん》がある。黒《くろ》い救急車《きゅうきゅうしゃ》を見《み》かけた場合《ばあい》は、すぐににげるしか助《たす》かる方法《ほうほう》はないだろう。

日本《にほん》の救急車《きゅうきゅうしゃ》は白《しろ》に赤《あか》いラインが入《はい》ったものだが、ヨーロッパのチェコには黒《くろ》い救急車《きゅうきゅうしゃ》にまつわるおそろしいウワサがある。その地《ち》では救急車《きゅうきゅうしゃ》は黄色《きいろ》い色《いろ》をしているが、まれに黒《くろ》い救急車《きゅうきゅうしゃ》が現《あらわ》れることがあるという。黒《くろ》い救急《きゅうきゅう》車《しゃ》は青《あお》いランプを光《ひか》らせながら近《ちか》づいてきて、中《なか》から人《ひと》が出《で》てくる。もしこの車《くるま》に乗《の》せられた人《ひと》は、さらわれて注《ちゅう》射《しゃ》を打《う》たれ、最後《さいご》には殺《ころ》されてしまうと言《い》われている。主《おも》にねらわれるのは子《こ》どもや若者《わかもの》で、心臓《しんぞう》などの臓器《ぞうき》をね

DATA

危険度《きけんど》

タイプ

異常

場所《ばしょ》

チェコ

青《あお》いランプのついた
黒《くろ》い車体《しゃたい》
中《なか》から
人《ひと》が出《で》てきて
子《こ》どもをさらう
さらわれた子《こ》どもは
命《いのち》をねらわれる

らっているという説《せつ》もある。
今《いま》のところ、日本《にほん》で目撃《もくげき》されたことはないが、もし道《みち》で青《あお》いランプがついた黒《くろ》い救急車《きゅうきゅうしゃ》を見《み》かけても決《けっ》して近《ちか》づいてはいけない。

研究報告書

日本《にほん》にも人《ひと》をさらう救急車《きゅうきゅうしゃ》がある!?

黒《くろ》い救急車《きゅうきゅうしゃ》が子《こ》どもをさらうというウワサが生《う》まれたのは、ヨーロッパのチェコだ。広《ひろ》く知《し》られるようになったのは、1980年代《ねんだい》に放送《ほうそう》されたテレビ番組《ばんぐみ》が原因《げんいん》だったと言《い》われている。よくある都市伝説《としでんせつ》のひとつだと思《おも》われるが、日本《にほん》にも救急車《きゅうきゅうしゃ》にまつわるこわいウワサがある。その内容《ないよう》は、黄色《きいろ》い救急車《きゅうきゅうしゃ》が現《あらわ》れて人《ひと》をさらってしまうというもので、チェコで生《う》まれた黒《くろ》い救急車《きゅうきゅうしゃ》と非常《ひじょう》によく似《に》ている。

第2章

バニー・マン《ばにー・まん》

ウサギの着《き》ぐるみをまとったような姿《すがた》をした怪人《かいじん》。ハロウィンの時期《じき》になると、オノを武器《ぶき》に子《こ》どもたちをおそいにやってくるという。

バニー・マンの伝説《でんせつ》が始《はじ》まったのは100年《ねん》以上前《いじょうまえ》のことだ。アメリカのバージニア州《しゅう》で、何者《なにもの》かにたくさんのウサギが殺《ころ》され、木《き》につるされるという事件《じけん》が起《お》きた。ウサギ殺《ごろ》しの犯人《はんにん》は、いつしかバニー・マンと呼《よ》ばれるようになった。その後《ご》、ハロウィンの夜《よる》に、橋《はし》の下《した》のトンネル内《ない》で子《こ》どもたちが殺《ころ》され、トンネルにつるされるという事《じ》件《けん》が発生《はっせい》。それ以降《いこう》、毎年《まいとし》ハロウィンになると、そのトンネルでバニー・マンにおそわれたという事件《じけん》が後《あと》を絶《た》たなかったという。

キミの周《まわ》りで起《お》きたら？

遊《あそ》びのつもりで近《ちか》づいてはいけない

バニー・マンにつかまれば命《いのち》はない。ハロウィンの時期《じき》、特《とく》に10月《がつ》31日《にち》は決《けっ》してウサギの着《き》ぐるみに近《ちか》づかないようにしよう。

研究報告書《けんきゅうほうこくしょ》

バニー・マンが現《あらわ》れる呪文《じゅもん》もある

バニー・マンが現《あらわ》れた橋《はし》の下《した》のトンネルは「バニー・マン・ブリッジ」と呼《よ》ばれ、このトンネルで「バニー・マン」と3回唱《かいとな》えると、バニー・マンが本当《ほんとう》に現《あらわ》れる、というウワサもあるという。近年《きんねん》ではハロウィンの時期《じき》になると、警察《けいさつ》がバニー・マン・ブリッジの周辺《しゅうへん》をパトロールしているということだ。この怪人《かいじん》をモデルにした映画《えいが》が制作《せいさく》されるなど、バニー・マンの伝説《でんせつ》は今《いま》も生《い》き続《つづ》けている。

バニー・マンが現《あらわ》れるという、アメリカのバニー・マン・ブリッジ。

DATA

場所《ばしょ》：アメリカなど

タイプ：怪人《かいじん》

危険度《きけんど》

ハロウィンに現《あらわ》れる
殺《さつ》人《じん》ウサギ男《おとこ》
ウサギの着《き》ぐるみに
似《に》た姿《すがた》をしている
オノで子《こ》どもに
おそいかかる
ハロウィンの
時期《じき》に現《あらわ》れる

第2章
少女《しょうじょ》に起《お》きた異変《いへん》の
正体《しょうたい》とは!?
また
残《のこ》したのか?
ええ…うわごとばかり
言《い》って　ますます悪《わる》く
なっているわ
医者《いしゃ》にみてもらっても
どこも悪《わる》くなかったし
いったい
どうして
しまったんだ
ああマリ…
元《もと》の元気《げんき》な姿《すがた》に
もどってくれ
明日《あす》教会《きょうかい》に行《い》って
マリのために祈《いの》りましょう
ああ…
そうだな
スー゛

ガシャン
神《かみ》にすがってもムダだ!!
ガタガタ
もうすぐ全員《ぜんいん》地獄《じごく》におちるんだ
パリン
フハハハハハ
ギィイイイ
マリ…なのか？
この声《こえ》
?!!
フワッ
フフ…
フヒヒヒヒ

悪魔つき《あくまつき》

DATA

場所《ばしょ》：世界中《せかいじゅう》

タイプ：異常

危険度《きけんど》

こわさ　レア度

悪魔《あくま》が人間《にんげん》の心《こころ》や体《からだ》を乗《の》っ取《と》ることを「悪魔《あくま》つき」という。悪魔《あくま》とは神々《かみがみ》の敵《てき》となるものたちのこと。人間《にんげん》にはない能力《のうちから》をもち、人々《ひとびと》の神《かみ》を信《しん》じる心《こころ》を失《うしな》わせようと悪事《あくじ》を働《はたら》く。その姿《すがた》は、人間《にんげん》やけものに近《ちか》いなど、さまざまな見《み》た目《め》をしているという。

悪魔《あくま》に体《からだ》を乗《の》っ取《と》られた人間《にんげん》は、人格《じんかく》や表情《ひょうじょう》が変《か》わってしまう。ふだんとはちがう声《こえ》で話《はな》す、食《た》べ物《もの》の好《この》みが変《か》わる、人間《にんげん》では考《かんが》えられないような能力《のうちから》を使《つか》う、体《からだ》に文字《もじ》が刻《きざ》まれる、本人《ほんにん》が知《し》らないことを話《はな》す、胃《い》がふくれあがる、などの変化《へんか》が起《お》こるという。とりついた悪魔《あくま》を退治《たいじ》するには、「エクソシスト」と呼《よ》ばれる悪魔退治《あくまたいじ》の専門家《せんもんか》の力《ちから》を借《か》りるしかない。

キミの周《まわ》りで起《お》きたら？

悪魔《あくま》が苦手《にがて》な聖《せい》なるものを準備《じゅんび》

十字架《じゅうじか》や聖水《せいすい》を使《つか》えば、悪魔《あくま》は一時的《いちじてき》におとなしくなるだろう。だが悪魔《あくま》を完全《かんぜん》にはらうには、エクソシストの力《ちから》を借《か》りるしかない。

研究報告書《けんきゅうほうこくしょ》

映画《えいが》のモデルになった実際《じっさい》の事件《じけん》

1949年《ねん》、アメリカの14歳《さい》の少年《しょうねん》が悪魔《あくま》つきにあった。ある日《ひ》とつぜん、少年《しょうねん》の人格《じんかく》が変《か》わり、ポルターガイスト（→P70）現象《げんしょう》が起《お》きる、体《からだ》に文字《もじ》が刻《きざ》まれる、神《かみ》をののしる、両親《りょうしん》の見《み》ている前《まえ》でベッドに横《よこ》たわったまま宙《ちゅう》に浮《う》くなどの現象《げんしょう》が起《お》きた。エクソシストの力《ちから》で、3か月《げつ》後《ご》に悪魔《あくま》は出《で》ていったが、少年《しょうねん》にその間《あいだ》の記憶《きおく》はなかったという。この事件《じけん》を元《もと》に映画《えいが》『エクソシスト』が作《つく》られた。

悪魔《あくま》ばらいの様子《ようす》を描《えが》いた16世紀《せいき》の絵《え》。

悪《あく》魔《ま》が人《にん》間《げん》の体《からだ》をうばい、苦《くる》しめる
悪魔《あくま》が
人間《にんげん》の体《からだ》を操《あやつ》る
体《からだ》に文字《もじ》が
刻《きざ》まれることがある
人格《じんかく》や
声《こえ》が変《か》わる
HELL

ブラッディ・メアリー《ぶらっでぃー・めありー》

アメリカに伝《つた》わる幽霊《ゆうれい》を呼《よ》び出《だ》す方法《ほうほう》。「ブラッディ・メアリー」という名前《なまえ》を鏡《かがみ》に向《む》かって3回唱《かいとな》えると、鏡《かがみ》の中《なか》に血《ち》まみれの女性《じょせい》の幽霊《ゆうれい》が現《あらわ》れるという。この女性《じょせい》が、ブラッディ・メアリーだ。呼《よ》び出《だ》されたメアリーは、呼《よ》び出《だ》した人《ひと》に対《たい》して「鏡《かがみ》の中《なか》に引《ひ》きずりこむ」「体《からだ》をズタズタに切《き》りさく」「目《め》を傷《きず》つける」などをしてくると言《い》われている。

また、別《べつ》のウワサでは、真《ま》っ暗《くら》にしたお風呂場《ふろば》で、火《ひ》をつけたろうそくを持《も》って、鏡《かがみ》に向《む》かって「ブラッディ・メアリー」と13回唱《かいとな》えるという方法《ほうほう》もある。一度《いちど》ブラッディ・メアリーを呼《よ》び出《だ》してしまうと、どんな目《め》にあうかわからない。

研究《けんきゅう》報告書《ほうこくしょ》

うらみをもった女性《じょせい》の魂《たましい》か？

ブラッディ・メアリーとは「血《ち》まみれのメアリー」という意味《いみ》だ。この幽霊《ゆうれい》の正体《しょうたい》には、さまざまな説《せつ》がある。子《こ》どもを亡《な》くした女性《じょせい》、家族《かぞく》に殺《ころ》された少女《しょうじょ》、交通事故《こうつうじこ》で亡《な》くなった女性《じょせい》、大昔《おおむかし》に処刑《しょけい》された魔女《まじょ》などだ。うらみをもった魂《たましい》が幽霊《ゆうれい》となり、鏡《かがみ》の中《なか》をさまよっているのかもしれない。アメリカでは、きもだめしをするつもりでメアリーを呼《よ》び出《だ》した少女《しょうじょ》が、ゆくえ不明《ふめい》になった事件《じけん》もある。

16世紀《せいき》のイギリスの女王《じょおう》もブラッディ・メアリーと呼《よ》ばれた。この女王《じょおう》が幽霊《ゆうれい》の名前《なまえ》の由来《ゆらい》という説《せつ》もある。

キミの周《まわ》りで起《お》きたら？

鏡《かがみ》の中《なか》の変化《へんか》を見《み》のがさないで！

メアリーは名前《なまえ》を呼《よ》ぶごとに、鏡《かがみ》の中《なか》から近《ちか》づいてくる。もし鏡《かがみ》に映《うつ》るものがヘンだなと感《かん》じたら、すぐに中止《ちゅうし》してにげよう。

DATA

危険度《きけんど》

タイプ

異常 霊

場所《ばしょ》

アメリカ

血《ち》まみれの女《じょ》性《せい》の幽《ゆう》霊《れい》を呼《よ》び出《だ》す方《ほう》法《ほう》

鏡《かがみ》に向《む》かって
名《な》前《まえ》を唱《とな》える
血《ち》まみれの
女《じょ》性《せい》が鏡《かがみ》に映《うつ》る
連《つ》れ去《さ》られるか
殺《ころ》される

13日の金曜日《じゅうさんにちのきんようび》

DATA

場所《ばしょ》
アメリカなど

タイプ
異常

危険度《きけんど》

キミの周《まわ》りで起《お》きたら？

気《き》にしないで過《す》ごそう

13日《にち》の金曜日《きんようび》が大凶《だいきょう》というのは迷信《めいしん》。「悪《わる》いことが起《お》こるかも」と思《おも》いながら過《す》ごすと不幸《ふこう》を引《ひ》きよせるので、気《き》にせず過《す》ごそう。

悪《わる》いことが起《お》こるという不吉《ふきつ》な日《ひ》。アメリカやヨーロッパでは、古《ふる》くから13は縁起《えんぎ》の悪《わる》い数字《すうじ》とされ、ホテルの部屋《へや》やビルの階《かい》には13が使《つか》われていないという。金曜日《きんようび》も不吉《ふきつ》とされ、不吉《ふきつ》が重《かさ》なる「13日《にち》の金曜日《きんようび》」は特《とく》に大凶《だいきょう》の日《ひ》で、不吉《ふきつ》な出来事《できごと》や事件《じけん》が起《お》こりやすいと考《かんが》えられている。

１９０７年《ねん》には、13日《にち》の金曜日号《きんようびごう》という船《ふね》が難破《なんぱ》。１９７２年《ねん》にはアンデス山脈《さんみゃく》で飛行機《ひこうき》事故《じこ》が発生《はっせい》した。１９９６年《ねん》にはバングラデシュで大竜巻《おおたつまき》が発生《はっせい》。２０１０年《ねん》には13日《にち》の金曜日《きんようび》の13時《じ》13分《ふん》に、13歳《さい》の少年《しょうねん》が雷《かみなり》に打《う》たれるという事故《じこ》もあったという。そのため今《いま》も、旅行《りょこう》や結婚式《けっこんしき》などをさける風習《ふうしゅう》があるそうだ。

研究報告書《けんきゅうほうこくしょ》

思《おも》いこみが不吉《ふきつ》を呼《よ》んでいる？

13や金曜日《きんようび》が不吉《ふきつ》な理由《りゆう》には「13は割《わ》り切《き》れず調和《ちょうわ》をみだす数《かず》だから」「金曜日《きんようび》がキリストの処刑日《しょけいび》だったから」など多《おお》くの説《せつ》がある。実《じつ》は13日《にち》の金曜日《きんようび》が、他《ほか》の日《ひ》に比《くら》べて危険《きけん》という明確《めいかく》なデータはないそうだ。しかし学校《がっこう》や会社《かいしゃ》に行《い》けないほど苦《くる》しむ「13日《にち》の金曜日恐怖症《きんようびきょうふしょう》」という症状《しょうじょう》があるほど、この日《ひ》を不吉《ふきつ》だと信《しん》じる人《ひと》は多《おお》い。人々《ひとびと》の迷信《めいしん》が、不吉《ふきつ》を呼《よ》んでいるのかもしれない。

キリストの最後《さいご》の晩餐《ばんさん》に13人《にん》いたことから、13は不吉《ふきつ》な数《かず》という説《せつ》もある。

不吉《ふきつ》なことが起《お》こる日《ひ》
事故《じこ》や事件《じけん》が起《お》こりやすい
13は縁起《えんぎ》が悪《わる》い数字《すうじ》
アメリカやヨーロッパで信《しん》じられている
月13日金曜日

第2章

黒魔術の儀式《くろまじゅつのぎしき》

他人《たにん》を不幸《ふこう》にする術《じゅつ》

悪魔や悪霊《あくりょう》の力《ちから》を借《か》りる

DATA

危険度《きけんど》

こわさ

レア度《ど》

タイプ

異常《いじょう》

場所《ばしょ》

ヨーロッパなど

研究《けんきゅう》報告書《ほうこくしょ》

さまざまな魔導書《まどうしょ》や魔法円《まほうえん》

魔導書《まどうしょ》は強力《きょうりょく》な力《ちから》を秘《ひ》めているため、暗号《あんごう》などで書《か》かれていることが多《おお》く、内容《ないよう》を読《よ》みとくことは難《むずか》しいとされている。もっとも有名《ゆうめい》な魔導書《まどうしょ》といえば『ソロモンの鍵《かぎ》』だ。ここには、72もの悪魔《あくま》を呼《よ》び出《だ》す方法《ほうほう》が記《しる》されているという。魔法円《まほうえん》は、塩《しお》や清《きよ》められたチョークで描《えが》くことが多《おお》い。円《えん》を描《えが》くだけでなく、呪文《じゅもん》を唱《とな》える、聖水《せいすい》をかける、捧《ささ》げ物《もの》を用意《ようい》するなどの準備《じゅんび》が必要《ひつよう》だという。

『ソロモンの鍵《かぎ》』に記《しる》されたとされる魔法円《まほうえん》。

悪《あく》魔《ま》を呼《よ》び出《だ》す禁《きん》断《だん》の儀《ぎ》式《しき》

キミの周《まわ》りで起《お》きたら？

危険《きけん》が大《おお》きすぎる

もし悪魔《あくま》を呼《よ》び出《だ》せても、必《かなら》ず言《い》うことを聞《き》くかはわからない。危《き》険《けん》すぎるので黒魔術《くろまじゅつ》の儀式《ぎしき》を実行《じっこう》するのはおすすめしない。

他人《たにん》を攻撃《こうげき》したり、傷《きず》つけたりして不幸《ふこう》にする魔術《まじゅつ》を黒魔術《くろまじゅつ》という。悪魔《あくま》や悪霊《あくりょう》、邪悪《じゃあく》な精霊《せいれい》の力《ちから》を借《か》りた術《じゅつ》で、その方法《ほうほう》は秘《ひ》められているが、もし悪魔《あくま》を呼《よ》び出《だ》すことができれば、だれでも黒《くろ》魔術《まじゅつ》の使《つか》い手《て》になれるかもしれない。

魔導書《まどうしょ》や魔法円《まほうえん》を使《つか》う

悪魔《あくま》を呼《よ》び出《だ》す主《おも》な方法《ほうほう》は、魔導書《まどうしょ》や魔法円《まほうえん》を使《つか》ったものだ。魔導書《まどうしょ》とは、魔術《まじゅつ》の法則《ほうそく》や呪文《じゅもん》が書《か》かれた書物《しょもつ》だ。そこには悪魔《あくま》などを呼《よ》び出《だ》す方法《ほうほう》も記《しる》されているという。魔法円《まほうえん》は、地面《じめん》に描《えが》く特別《とくべつ》な円形《えんけい》の図形《ずけい》のこと。円《えん》は結《けっ》界《かい》を意味《いみ》しており、悪魔《あくま》や精霊《せいれい》などの出入《でい》りを禁《きん》じることができる。したがって、術者《じゅつしゃ》は自分《じぶん》が円《えん》の中《なか》に入《はい》って身《み》を守《まも》ったり、円《えん》の中《なか》に悪魔《あくま》を呼《よ》び出《だ》したりしたそうだ。

第2章 天井《てんじょう》やかべに浮《う》かび上《あ》がる何《なに》か

おばあちゃん家《ち》の天井《てんじょう》にはシミがある
じーっ
じわぁ
何《なん》だか顔《かお》みたいでこわい…

10年後《ねんご》
久《ひさ》しぶりのおばあちゃん家《ち》
懐《なつ》かしいなあ
ガラッ
そういえば…
じーっ
何《なん》だ やっぱり ただのシミだな
ほっ
ん？

顔が浮かぶかべ《かおがうかぶかべ》

家《いえ》の天井《てんじょう》やかべにあるシミやもようが、人《ひと》の顔《かお》のように見《み》えることはないだろうか？　もしかするとその正体《しょうたい》は、死者《ししゃ》の顔《かお》かもしれない。天井《てんじょう》やかべに浮《う》かび上《あ》がった顔《かお》は、消《け》してもふたたび出《で》てくるという。同《おな》じ場所《ばしょ》に出《で》てくる場合《ばあい》もあれば、ちがう場所《ばしょ》に出《で》てくることもある。スペインのある家《いえ》では、ゆかに顔《かお》が浮《う》かび上《あ》がり、その家《いえ》が立《た》っている場所《ばしょ》で過去《かこ》に起《お》きた殺人事件《さつじんじけん》が原因《げんいん》ではないかとウワサになった。この家《いえ》に現《あらわ》れた顔《かお》は、表情《ひょうじょう》を変《か》えることもあったという。

一方《いっぽう》で、「シミュラクラ現象《げんしょう》」という、3つの点《てん》や線《せん》でできたもようを見《み》ると人《ひと》の顔《かお》だと思《おも》ってしまう、人間《にんげん》の脳《のう》の働《はたら》きが原因《げんいん》とする説《せつ》もある。

研究報告書《けんきゅうほうこくしょ》

台所《だいどころ》のゆかに浮《う》かんだ消《き》えない顔《かお》

1970年代《ねんだい》に、スペインのベルメスという地域《ちいき》にある家《いえ》のかべやゆかに人《ひと》の顔《かお》のようなものが浮《う》かび上《あ》がる現象《げんしょう》が起《お》きた。この顔《かお》は「ベルメスの顔《かお》」と呼《よ》ばれて有名《ゆうめい》になり、さわぎとなったという。この家《いえ》では、聞《き》こえるはずのない子《こ》どもの声《こえ》やざわめき声《ごえ》が聞《き》こえることもあった。なんらかの心霊現象《しんれいげんしょう》が原因《げんいん》とする説《せつ》や特別《とくべつ》な薬《くすり》を使《つか》ってだれかが描《えが》いたとする説《せつ》などがあり、答《こた》えは今《いま》も出《で》ていない。

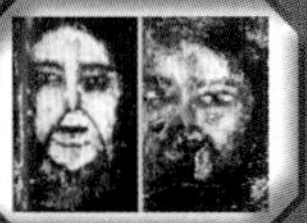

スペインの家《いえ》のゆかに現《あらわ》れた「ベルメスの顔《かお》」。

キミの周《まわ》りで起《お》きたら？

消《け》せない場合《ばあい》は注意《ちゅうい》！

消《け》せる場合《ばあい》は問題《もんだい》ないが、洗《あら》っても消《き》えなかったり、消《き》えてもまた出《で》てくる場合《ばあい》は、その家《いえ》の過去《かこ》を調《しら》べたほうがいいかもしれない。

DATA

タイプ：異常《いじょう》

場所《ばしょ》：スペインなど

人間《にんげん》の顔《かお》に見《み》えるシミは死者《ししゃ》の霊《れい》のしわざ？

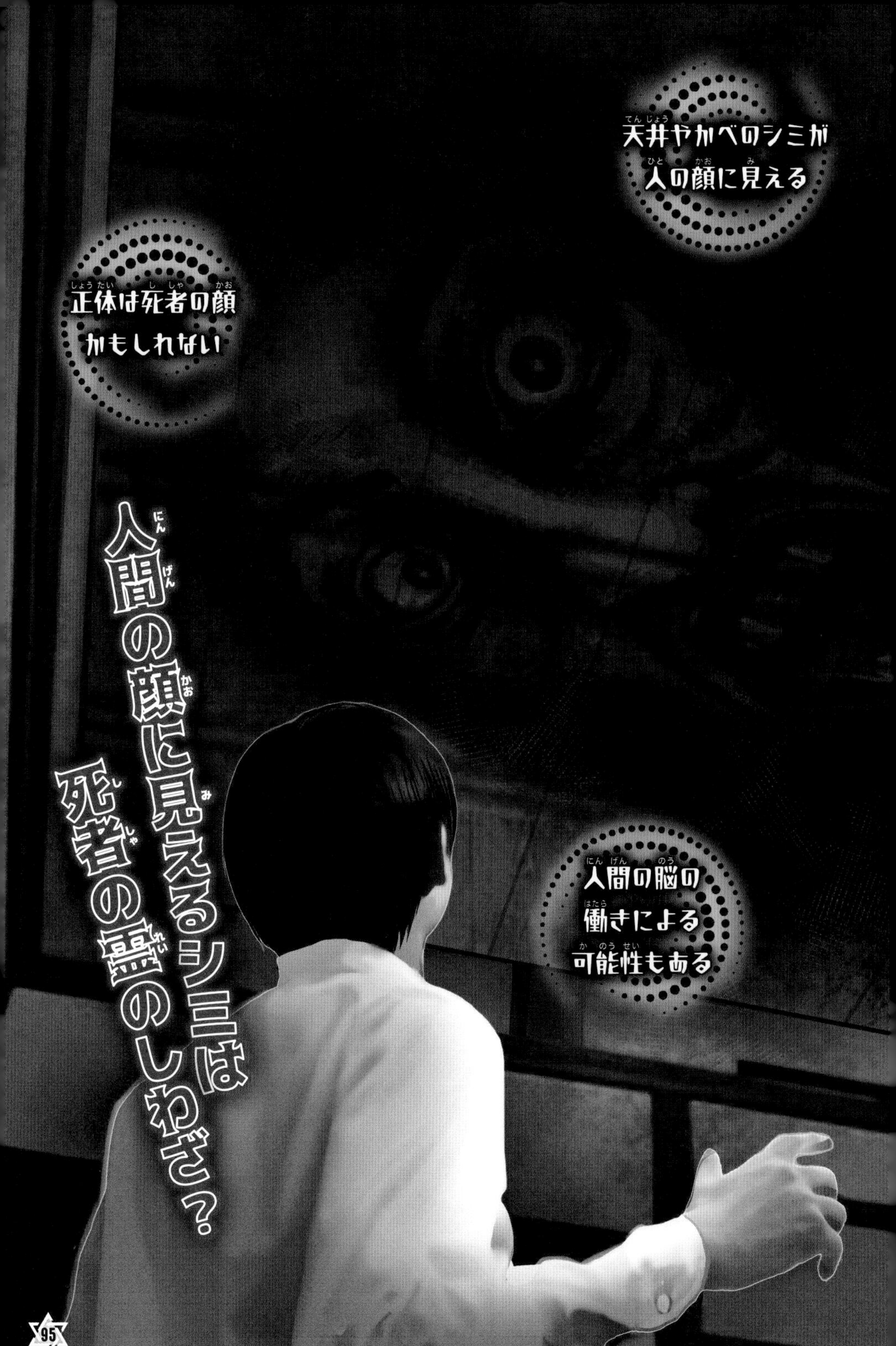

ダウジング《だうじんぐ》

道具《どうぐ》を使《つか》って、地下水《ちかすい》や金属《きんぞく》、埋《う》められた宝《たから》、ゆくえ不明《ふめい》になった人《ひと》などを探《さが》し出《だ》す方法《ほうほう》をダウジングという。使《つか》う道具《どうぐ》は、Lの字《じ》に曲《ま》がった針金《はりがね》やY字《じ》の形《かたち》の木《き》の枝《えだ》、振《ふ》り子《こ》だ。まず、両手《りょうて》に針金《はりがね》などの道具《どうぐ》を持《も》ち、目的地《もくてきち》を歩《ある》き回《まわ》る。すると、体《からだ》が何《なに》かを感知《かんち》して道具《どうぐ》を動《うご》かすことがある。その下《した》の地面《じめん》をほると、水《みず》や宝《たから》を発見《はっけん》できるというのだ。実際《じっさい》にその場《ば》に行《い》かず、地図《ちず》の上《うえ》に振《ふ》り子《こ》をたらして動《うご》かし、振《ふ》り子《こ》がゆれた場所《ばしょ》を探《さが》す方法《ほうほう》もある。

ダウジングで手《て》に持《も》つ道具《どうぐ》が動《うご》くのは、筋肉《きんにく》が無意識《むいしき》に反応《はんのう》するからという説明《せつめい》がなされている。ただし、その結果《けっか》、なぜ求《もと》める物《もの》や人《ひと》を探《さが》すことができるのかはわかっていない。

＼キミの周《まわ》りで起《お》きたら？／

なくした物《もの》を探《さが》してみよう

ダウジングは、木《き》の枝《えだ》などの道具《どうぐ》さえあればだれでもためすことができる。部屋《へや》で物《もの》をなくしたときにやってみてもいいかもしれない。

地下水《ちかすい》やお宝《たから》を見《み》つけられる

地図《ちず》を使《つか》って探《さが》すことも可能《かのう》

DATA

場所《ばしょ》：世界中《せかいじゅう》

タイプ：異能《いのう》

危険度《きけんど》

研究報告書《けんきゅうほうこくしょ》

古代《こだい》から使《つか》われていたダウジングの力《ちから》

ダウジングの歴史《れきし》は古《ふる》く、古代《こだい》のエジプトや中国《ちゅうごく》でも行《おこな》われていた。16世紀《せいき》のヨーロッパで、ダウザー（ダウジングをする人《ひと》）が地下《ちか》にねむる水《みず》や石油《せきゆ》探《さが》しをしていた記録《きろく》がある。17世紀《せいき》のフランスでダウジングを用《もち》いて殺人事《さつじんじ》件《けん》の犯人《はんにん》を見《み》つけたという報告《ほうこく》もある。ダウジングには、人《ひと》や物《もの》が放《はな》つ波動《はどう》を感知《かんち》できる能力《のうりょく》が必要《ひつよう》だが、くり返《かえ》し訓練《くんれん》することで身《み》につけることができると言《い》われている。

ダウジングをしている16世紀《せいき》の人々《ひとびと》の絵《え》。

探《さが》し物《もの》を見《み》つける特別《とくべつ》な技術《ぎじゅつ》

木《き》の枝《えだ》や針金《はりがね》、振《ふ》り子《こ》を使《つか》う

第2章

サードマン現象《さーどまんげんしょう》

大《だい》ピンチを救《すく》うなぞの人物《じんぶつ》

ピンチになったときに、さっそうと現《あらわ》れて助《たす》けてくれる人《ひと》がいる。それをサードマン現象《げんしょう》と呼《よ》ぶ。よくある報告《ほうこく》は、雪山《ゆきやま》で迷《まよ》ってしまった人《ひと》の前《まえ》に、とつぜん見知《みし》らぬ人《ひと》が現《あらわ》れて、道案内《みちあんない》をしてくれるというもの。その人《ひと》の言《い》う通《とお》りに進《すす》むと、無事《ぶじ》に山《やま》からおりることができたそうだ。

人物《じんぶつ》が実際《じっさい》に見《み》える場合《ばあい》もあれば、声《こえ》だけが聞《き》こえてくるという場合《ばあい》もある。命《いのち》を落《お》とすキケンがある人《ひと》の前《まえ》に現《あらわ》れるので、追《お》いつめられたギリギリの精神状態《せいしんじょうたい》の人《ひと》の脳《のう》が作《つく》り出《だ》した幻《まぼろし》ではないかとも言《い》われている。助《たす》けてくれる人《ひと》の正体《しょうたい》がなんなのかはわかっていない。しかし、救《すく》われた人《ひと》がいることも確《たし》かなのだ。

DATA

場所《ばしょ》

雪山《ゆきやま》など

タイプ

異常

危険度《きけんど》

キミの周《まわ》りで起《お》きたら？

幻《まぼろし》かどうか判断《はんだん》しよう

ピンチのときにしか起《お》きないため、体験《たいけん》することはほぼなさそうだ。幻《まぼろし》の可能性《かのうせい》もあるので、落《お》ち着《つ》いてよく見《み》きわめよう。

脳《のう》が作《つく》った幻《まぼろし》？

研究《けんきゅう》報告書《ほうこくしょ》

サードマンの正体《しょうたい》は？

サードマンはピンチになった人《ひと》に「立《た》ち上《あ》がれ！」「きっとできる！」とはげましてくれる存在《そんざい》だ。目撃者《もくげきしゃ》の証言《しょうげん》によると、ある人《ひと》は「守護天使《しゅごてんし》のようだった」と表現《ひょうげん》した。サードマンの正体《しょうたい》は神《かみ》やそれに近《ちか》い存在《そんざい》なのだろうか？　雪山《ゆきやま》のような命《いのち》の危機《きき》に現《あらわ》れることもあれば、ストレスが多《おお》い精神的《せいしんてき》な危機《きき》のときに現《あらわ》れることもあるという。その正体《しょうたい》はその人《ひと》が心《こころ》から信《しん》じる何《なに》かなのかもしれない。

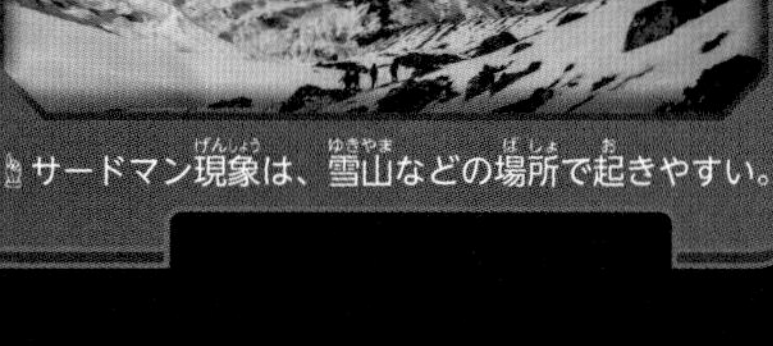

サードマン現象《げんしょう》は、雪山《ゆきやま》などの場所《ばしょ》で起《お》きやすい。

いつまでも消《き》えない
なぞの飛《ひ》行《こう》機《き》雲《ぐも》

ケム・トレイル《けむ・とれいる》

飛行機雲《ひこうきぐも》に
似《に》ている

DATA

場所《ばしょ》
世界中《せかいじゅう》

タイプ
異常

危険度《きけんど》

消《き》えない飛行機雲《ひこうきぐも》を見《み》つけたら、それは恐怖《きょうふ》の毒雲《どくぐも》「ケム・トレイル」かもしれない。

ふつうの飛行機雲《ひこうきぐも》は水蒸気《すいじょうき》なので、わずかな時間《じかん》で消《き》える。だがケム・トレイルの場合《ばあい》、飛行機《ひこうき》が見《み》えなくなっても残《のこ》っていて、朱色《しゅいろ》や虹色《にじいろ》に変化《へんか》することもあるそうだ。また、雲《くも》からミルク色《いろ》の液体《えきたい》や赤《あか》い粉《こな》などが降《ふ》ってくることもあり、目撃者《もくげきしゃ》は頭痛《ずつう》や鼻血《はなぢ》などの症状《しょうじょう》に見舞《みま》われるという。そのため、なんらかの化学物質《かがくぶっしつ》をふくんでいるのではないかと考《かんが》えられている。

ケム・トレイルは、1994年《ねん》ごろからアメリカや日本《にほん》などで目撃《もくげき》され始《はじ》めた。だれがなんのために発生《はっせい》させているのかは、なぞに包《つつ》まれている。

政府《せいふ》や軍《ぐん》による気象実験説《きしょうじっけんせつ》も！

研究《けんきゅう》報告書《ほうこくしょ》

ケム・トレイルの原因《げんいん》については、さまざまな仮説《かせつ》がある。たとえば、政府《せいふ》や軍《ぐん》がひそかに行《おこな》っている化学実験説《かがくじっけんせつ》、地球温暖化《ちきゅうおんだんか》を調整《ちょうせい》するための気象《きしょう》コントロール実験説《じっけんせつ》などだ。また、ケム・トレイルは、天候《てんこう》を自由《じゆう》に操《あやつ》れるというウワサの巨大装置《きょだいそうち》「ハープ」と、何《なに》か関係《かんけい》があるのではないかとする説《せつ》もある。アメリカの空軍《くうぐん》は、ケム・トレイルが軍《ぐん》によるものだという説《せつ》を公式《こうしき》に否定《ひてい》している。

ケム・トレイルはタテやヨコに走《はし》ることが多《おお》いという。

キミの周《まわ》りで起《お》きたら？

すぐに建物《たてもの》へにげよう

ケム・トレイルがはき出《だ》す物質《ぶっしつ》を吸《す》いこむと、頭痛《ずつう》やはき気《き》など体調《たいちょう》が悪《わる》くなることがある。もし見《み》かけたらすぐに建物《たてもの》へ入《はい》ろう。

空《そら》に長《なが》い間《あいだ》残《のこ》る

有害物質《ゆうがいぶっしつ》をまき散《ち》らす

第2章 悪《わる》い子《こ》の元《もと》へやってくる怪物《かいぶつ》

お兄《にい》ちゃん返《かえ》してよ〜!!
うええん
いじわるはやめなさい
コラー
そんな悪《わる》い子《こ》のところには…ブギーマンがやってくるわよ
ベッドの下《した》から現《あらわ》れるのよ
お母《かあ》さんの国《くに》では有名《ゆうめい》な話《はなし》なんだからね
そんなのこわくないし!!
ばしっ
コラ!

パタン
ブギーマンなんて
いるわけない…
ぺた
うわっ…!?
ズ
あ
ズズ
わあああぁ…!!

ブギーマン《ぶぎーまん》

ヨーロッパを中心《ちゅうしん》に信《しん》じられている、子《こ》どもたちをねらうおそろしい怪物《かいぶつ》がブギーマンだ。部屋《へや》のドアの後《うし》ろやベッドの下《した》などの暗《くら》いところにひそんでいる。ブギーマンは、悪《わる》い子《こ》がいると連《つ》れ去《さ》ったり、食《た》べたりしてしまうと信《しん》じられている。

ブギーマンの正体《しょうたい》は妖怪《ようかい》や悪霊《あくりょう》だと考《かんが》えられているが、見《み》た目《め》は決《き》まっておらず、黒《くろ》いコート、黒《くろ》いぼうしで顔《かお》をかくした背《せ》の高《たか》い男《おとこ》、毛《け》だらけの怪《かい》物《ぶつ》などの説《せつ》がある。意味《いみ》もなくこわいと思《おも》うものを「ブギーマン」と呼《よ》ぶこともある。ブギーマンが出《で》る地域《ちいき》では、親《おや》がいたずら好《ず》きな子《こ》どもをしかるときに「ブギーマンがさらいに来《く》るよ！」とおどかすという。

キミの周《まわ》りで起《お》きたら？

よい子《こ》の前《まえ》には現《あらわ》れない！

ブギーマンがねらうのは、夜《よる》おそくまで起《お》きていたり、いたずらをしたりする悪《わる》い子《こ》だという。ねらわれないように夜《よる》は早《はや》くねよう。

見《み》た目《め》は不明《ふめい》

研究《けんきゅう》報告書《ほうこくしょ》

絵《え》や映画《えいが》で描《えが》かれてきた怪人《かいじん》

ブギーマンは古《ふる》くからおそれられてきた怪物《かいぶつ》で、絵画《かいが》や映画《えいが》などに登場《とうじょう》している。18世紀《せいき》にはスペインの画家《がか》ゴヤが、子《こ》どもの前《まえ》に出現《しゅつげん》したブギーマンの絵《え》を描《えが》いている。アメリカで1978年《ねん》に作《つく》られた『ハロウィン』というホラー映画《えいが》は、続編《ぞくへん》の当時《とうじ》の日本《にほん》でのタイトルが『ブギーマン』だった。これはこの映画《えいが》に登場《とうじょう》する主人公《しゅじんこう》の怪人《かいじん》が「ブギーマン」と呼《よ》ばれていたことによる。

ゴヤが描《えが》いたブギーマンの絵《え》。シーツのようなものをかぶっており、姿《すがた》は見《み》えない。

子《こ》どもをおそう正体《しょうたい》不《ふ》明《めい》の怪物《かいぶつ》

悪《わる》い子《こ》を
さらって食《た》べる

暗《くら》いところに
かくれている

DATA

危険度《きけんど》

こわさ

レア度《ど》

タイプ

怪物

場所《ばしょ》

ヨーロッパ
など

悪霊《あくりょう》がとりついた恐怖《きょうふ》の人形《にんぎょう》

アナベル人形《あなべるにんぎょう》

ふつうの人形《にんぎょう》に、悪霊《あくりょう》や悪魔《あくま》がとりついてしまうことがある。悪霊《あくりょう》が宿《やど》った呪《のろ》いの人形《にんぎょう》として有名《ゆうめい》なものが「アナベル人形《にんぎょう》」だ。

1970年代《ねんだい》、ドナという女《おんな》の子《こ》が、母親《ははおや》から赤《あか》い髪《かみ》のかわいらしい人形《にんぎょう》をもらった。しばらくして、ドナの家《いえ》では変《へん》なことが起《お》こり始《はじ》めた。物《もの》の位置《いち》が勝手《かって》に変《か》わったり、だれもいないのに話《はな》し声《ごえ》が聞《き》こえたりしたのだ。家族《かぞく》が霊媒師《れいばいし》に相談《そうだん》すると、ドナの人形《にんぎょう》にアナベルという少女《しょうじょ》の霊《れい》がとりついていて、人形《にんぎょう》を動《うご》かしているのだという。人形《にんぎょう》はしだいに凶暴《きょうぼう》になり、人間《にんげん》に危害《きがい》を加《くわ》えるようになったので、エクソシスト（悪魔《あくま》ばらいをする人《ひと》）にあずかってもらったという。

研究《けんきゅう》報告書《ほうこくしょ》

人形《にんぎょう》にはまだ悪霊《あくりょう》がついている!?

エクソシストは、アナベル人形《にんぎょう》についているのは少女《しょうじょ》の霊《れい》ではなく、悪霊《あくりょう》だと見《み》ぬいた。そこでエクソシストは除霊《じょれい》を行《おこな》ったあと、人《にん》形《ぎょう》を特別《とくべつ》なガラスケースに封印《ふういん》した。現在《げんざい》、人形《にんぎょう》の入《はい》ったケースはアメリカの博物館《はくぶつかん》にあり、ケースには「さわるな！」というはり紙《がみ》がはってある。ケースにいたずらをした男性《だんせい》が、事故《じこ》で亡《な》くなったことがあるそうだ。人《にん》形《ぎょう》の呪《のろ》いは、今《いま》も消《き》えていないようだ。

☞これが博物館《はくぶつかん》に保管《ほかん》されたアナベル人形《にんぎょう》だ。

DATA

タイプ：異物

場所《ばしょ》：アメリカなど

キミの周《まわ》りで起《お》きたら?

人形《にんぎょう》の目《め》を
見《み》てはいけない

悪霊《あくりょう》にキミの存在《そんざい》を覚《おぼ》えられてしまうので、決《けっ》して人形《にんぎょう》の目《め》を見《み》てはならない。もちろんガラスケースもたたかないように。

第2章 マンドラゴラ《まんどらごら》

引《ひ》きぬくと
悲《ひ》鳴《めい》を上《あ》げる
魔《ま》法《ほう》薬《やく》の
材《ざい》料《りょう》
根《ね》がふたまたに
分《わ》かれる
アァッ
すさまじい悲《ひ》鳴《めい》を
上《あ》げる魔《ま》法《ほう》植《しょく》物《ぶつ》

根《ね》っこがふたつに分《わ》かれた、ヨーロッパの魔法植物《まほうしょくぶつ》。「マンドレイク」とも呼《よ》ばれる。その根《ね》には魔力《まりょく》が宿《やど》るとされ、古代《こだい》より魔術《まじゅつ》や錬金術《れんきんじゅつ》の材料《ざいりょう》として使《つか》われてきたという。相手《あいて》が自分《じぶん》を好《す》きになる「ほれ薬《くすり》」、体内《たいない》から悪《あく》霊《りょう》を追《お》い出《だ》す薬《くすり》、睡眠薬《すいみんやく》、毒薬《どくやく》などの魔法薬《まほうくすり》が作《つく》れるそうだ。

ただし、マンドレイクの根《ね》っこを引《ひ》きぬくのはきわめて危険《きけん》だ。引《ひ》きぬいたとたん、マンドレイクはすさまじい悲鳴《ひめい》を上《あ》げるのだ。その悲鳴《ひめい》を聞《き》いた者《もの》は、死《し》ぬと伝《つた》えられている。そのため、魔法書《まほうしょ》には、犬《いぬ》にひもをつけてマンドラゴラを引《ひき》っこぬかせる方法《ほうほう》が記《しる》されている。ただし、悲鳴《ひめい》を聞《き》いた犬《いぬ》は死《し》んでしまうだろう。

DATA

場所《ばしょ》: ヨーロッパ

タイプ: 怪物《かいぶつ》

危険度《きけんど》

ヒギャアァ

研究報告書《けんきゅうほうこくしょ》

ヨーロッパなどに実在《じつざい》する有毒植物《ゆうどくしょくぶつ》

マンドラゴラはヨーロッパなどに実在《じつざい》する植物《しょくぶつ》だ。ナスやトマトなどと同《おな》じナス科《か》の多年草《たねんそう》（同《おな》じ株《かぶ》から何《なん》年《ねん》も花《はな》を咲《さ》かせる植物《しょくぶつ》）である。幻覚《げんかく》を見《み》せる強《つよ》い毒性《どくせい》をもつが、古《ふる》くは薬用植物《やくようしょくぶつ》として用《もち》いられた。ふたまたの根《ね》が足《あし》のようで、人間《にんげん》の姿《すがた》に似《に》ていることから、魔術《まじゅつ》と結《むす》びつけられたと考《かんが》えられている。首《くび》をつられて死《し》んだ死刑囚《しけいしゅう》の体液《たいえき》が土《つち》にかかり、そこから生《う》まれたという伝説《でんせつ》もある。

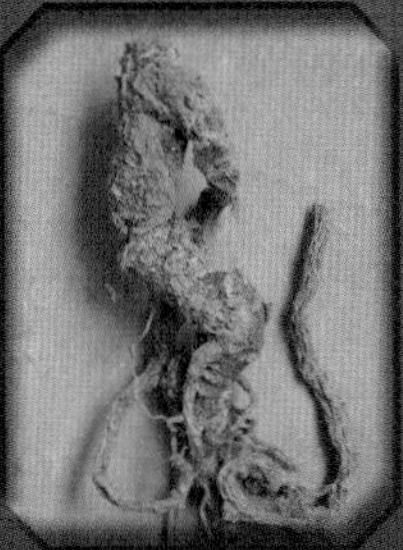

マンドラゴラの根《ね》っこ。

キミの周《まわ》りで起《お》きたら？

命《いのち》がおしければ近《ちか》づいてはならない

マンドラゴラの金切《かなき》り声《ごえ》を聞《き》いたとたんに死《し》んでしまう。だれかがぎせいにならないかぎり、根《ね》を手《て》に入《い》れることは難《むずか》しいだろう。

心霊写真《しんれいしゃしん》

写《しゃ》真《しん》に写《うつ》りこんだ怪《かい》奇《き》現《げん》象《しょう》

だれでも撮《と》れる可《か》能《のう》性《せい》がある

キミの周《まわ》りで起《お》きたら?

イヤな感《かん》じがしたら供《く》養《よう》しよう

もしイヤな感《かん》じがするときは供養《くよう》しよう。白《しろ》い紙《かみ》でつつみ「三重《さんじゅう》の五芒星《ごぼうせい》」を描《えが》いて、神社《じんじゃ》のお札《ふだ》をおさめるところに持《も》っていこう。

DATA

場所《ばしょ》: 世界中《せかいじゅう》

タイプ: 異常

危険度《きけんど》

幽霊《ゆうれい》や死者《ししゃ》の魂《たましい》が写《うつ》っている写真《しゃしん》。その場《ば》にいなかった人《ひと》や、霊《れい》の体《からだ》の一《いち》部《ぶ》が写真《しゃしん》に写《うつ》りこむことがある。

その場《ば》に未練《みれん》があってとどまっている霊《れい》、たまたま飛《と》んでいた霊《れい》、写《うつ》っている人《ひと》の守護霊《しゅごれい》（↓P120）など、写《うつ》りこむ霊《れい》はさまざまだ。霊感《れいかん》がなくてもだれでも写真《しゃしん》を撮《と》ってしまう可能《かのう》性《せい》があり、もし、うらみの強《つよ》い霊《れい》を写《うつ》してしまうと、霊《れい》に殺《ころ》されるなどのたたりが降《ふ》りかかるというウワサもある。写真《しゃしん》に写《うつ》りこんだ人《ひと》が、時間《じかん》がたつごとに近《ちか》づいてくるといった怪奇現象《かいきげんしょう》が起《お》こることもある。

また、写《うつ》っている人《ひと》の体《からだ》の一部《いちぶ》が消《き》えている場合《ばあい》は、その場《ば》所のケガや病《びょう》気《き》に注意《ちゅうい》したほうがいいという。

研究報告書《けんきゅうほうこくしょ》

霊《れい》が多《おお》い場所《ばしょ》で撮影《さつえい》されやすい

心霊写真《しんれいしゃしん》を撮《と》って不幸《ふこう》な目《め》にあったといった話《はなし》は多《おお》い。1990年《ねん》ごろに日本《にほん》でウワサになった話《はなし》として、女性《じょせい》が海辺《うみべ》で写真《しゃしん》を撮《と》ったところ、その女性《じょせい》に向《む》かって海《うみ》から無数《むすう》の白《しろ》い手《て》がのびていた。写真《しゃしん》を撮《と》った日《ひ》、女性《じょせい》は海《うみ》の事故《じこ》で亡《な》くなったそうだ。霊《れい》が女性《じょせい》を海《うみ》に引《ひ》きずりこんだのかもしれない。このように多《おお》くの人《ひと》が死亡《しぼう》した場所《ばしょ》や心霊《しんれい》スポットなどで心霊写真《しんれいしゃしん》が撮影《さつえい》されることが多《おお》いようだ。

イギリスで、古《ふる》くから幽霊《ゆうれい》が目撃《もくげき》されるレイナムホールという館《やかた》で写《うつ》された心霊写真《しんれいしゃしん》。

第2章
持《も》ち主《ぬし》に死《し》をもたらす
おそろしい宝石《ほうせき》
パパ次《つぎ》は何《なに》を見《み》るの？
ここ スミソニアン博物館《はくぶつかん》の名物《めいぶつ》のひとつだよ
おぉ これだ！

国宝級《こくほうきゅう》のあつかいを受《う》けている美《うつく》しいダイヤ…
しかし一方《いっぽう》では呪《のろ》われたダイヤとも呼《よ》ばれている…
何人《なんにん》もの持《も》ち主《ぬし》が死《し》んでしまうという事件《じけん》が起《お》きているんだ
この機会《きかい》にじっくり見《み》ておくといいよ
パパ…もう次《つぎ》行《い》こ
ブルブル
ガタガタ
ブルブル
どうしたんだい？

呪われたダイヤ《のろわれただいや》

持《も》ち主《ぬし》に不幸《ふこう》を呼《よ》ぶ宝石《ほうせき》

　持《も》ち主《ぬし》が次々《つぎつぎ》と不幸《ふこう》にみまわれる呪《のろ》われたダイヤがある。それが「ホープ・ダイヤモンド」と呼《よ》ばれる美《うつく》しい青《あお》色《いろ》の宝石《ほうせき》だ。古代《こだい》インドの寺《てら》にあったが、フランス人《じん》の宝石売《ほうせきう》りが僧侶《そうりょ》を殺《ころ》してぬすみ出《だ》し、殺《ころ》された僧侶《そうりょ》が呪《のろ》いをかけたと言《い》われている。

　宝石売《ほうせきう》りはダイヤをフランスの王家《おうけ》に売《う》ったが、犬《いぬ》におそわれて死《し》んでしまった。その後《ご》も、ダイヤはフランスからロシア、イギリス、トルコ、アメリカへと世界各国《せかいかっこく》の持《も》ち主《ぬし》の手《て》にわたったが、みな交通事故《こうつうじこ》や病気《びょうき》で命《いのち》を落《お》とすなどの不幸《ふこう》な目《め》にあったという。

　現在《げんざい》、ダイヤはアメリカのスミソニアン博物館《はくぶつかん》に所蔵《しょぞう》されている。今《いま》は、呪《のろ》いは収《おさ》まっているようだ。

＼キミの周《まわ》りで起《お》きたら？／

宝石《ほうせき》の持《も》ち主《ぬし》にならない

美《うつく》しいダイヤを欲《ほ》しくなる人《ひと》もいるかもしれない。しかし持《も》ち主《ぬし》になるのはキケンなので、博物館《はくぶつかん》で見学《けんがく》するだけにしておこう。

研究《けんきゅう》報告書《ほうこくしょ》

呪《のろ》いの伝説《でんせつ》は本当《ほんとう》か？

ホープ・ダイヤモンドの「ホープ」というのは人《ひと》の名前《なまえ》で、1830年《ねん》にイギリスの富豪《ふごう》ホープがダイヤを手《て》に入《い》れたことから、ホープ・ダイヤモンドと呼《よ》ばれるようになった。だが、ホープ家《か》は事故《じこ》や破産《はさん》といった不幸《ふこう》が続《つづ》いたため、ダイヤを手放《てばな》す。その後《ご》の持《も》ち主《ぬし》も、身内《みうち》を事故《じこ》で亡《な》くしたり、財産《ざいさん》を失《うしな》ったりして、持《も》ち主《ぬし》が変《か》わるたびに、ダイヤの呪《のろ》いが次々《つぎつぎ》に発動《はつどう》したという。

青《あお》く美《うつく》しいホープ・ダイヤモンド。

青《あお》く美《うつく》しい
ダイヤモンド
持《も》ち主《ぬし》は
命《いのち》を落《お》とす!?
殺《ころ》された僧侶《そうりょ》が
呪《のろ》いをかけた
DATA
危険度《きけんど》
こわさ
レア度《ど》
タイプ
異物《いぶつ》
場所《ばしょ》
アメリカ

魂の重さ《たましいのおもさ》

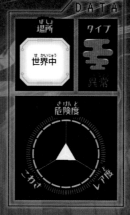

DATA

場所《ばしょ》
世界中《せかいじゅう》

タイプ
異常

危険度《きけんど》
こわさ
レア度《ど》

＼キミの周《まわ》りで起《お》きたら？／

魂《たましい》についてじっくり考《かんが》えてみよう

魂《たましい》の重《おも》さを確《たし》かめることは難《むずか》しいが「魂《たましい》とは何《なに》？」「魂《たましい》は体《からだ》のどこにあるのか？」など、魂《たましい》についてよく考《かんが》えてみよう。

人《ひと》は死《し》ぬと、体重《たいじゅう》が約《やく》21グラム軽《かる》くなるという。約《やく》21グラムは小《ちい》さめのいちごひとつぶ分《ふん》ほどの重《おも》さだ。これは「魂《たましい》」の重《おも》さで、死後《しご》に魂《たましい》が体《からだ》からぬけ出《だ》すため、体重《たいじゅう》が軽《かる》くなるそうだ。

この説《せつ》を唱《とな》えたのは、アメリカの医《い》者《しゃ》のダンカン・マクドゥーガル。マクドゥーガルは1901年《ねん》から数年間《すうねんかん》、死後《しご》に患者《かんじゃ》の体重《たいじゅう》が変化《へんか》するかどうかの実験《じっけん》を行《おこな》った。すると6名《めい》の体重《たいじゅう》が約《やく》21グラム減《へ》ったという。2000年《ねん》代《だい》には、スウェーデンの科学《かがく》者がコンピューター計算機《けいさんき》で実験《じっけん》を行《おこな》い、同《おな》じ結果《けっか》を出《だ》している。このときの実験《じっけん》では、においなども計測《けいそく》された。

やはり人間《にんげん》は、重《おも》さもにおいもある物理的《ぶつりてき》な魂《たましい》をもつのだろうか？

研究報告書《けんきゅうほうこくしょ》

動物《どうぶつ》の死後《しご》も体重《たいじゅう》が変《か》わる

マクドゥーガルは15ひきの犬《いぬ》で同《おな》じ実験《じっけん》を行《おこな》ったが、体重《たいじゅう》は変《か》わらなかった。そのため、魂《たましい》があるのは人間《にんげん》だけと結論《けつろん》づけたという。だがアメリカで別《べつ》の博士《はかせ》がヒツジで実験《じっけん》したところ、なぜか体重《たいじゅう》が30グラム以上《いじょう》も増《ふ》えたという。日本《にほん》ではネズミを使《つか》って実験《じっけん》を行《おこな》い、約《やく》1万分《まんふん》の1グラムの体重《たいじゅう》が減少《げんしょう》した。人間《にんげん》や動物《どうぶつ》の死後《しご》に体重《たいじゅう》が変《か》わる不思議《ふしぎ》な現象《げんしょう》は、いまだ多《おお》くのなぞに包《つつ》まれている。

魂《たましい》の重《おも》さを実験《じっけん》したダンカン・マクドゥーガル。

魂《たましい》が体《からだ》から
ぬけ出《で》た？
死後《しご》、
体重《たいじゅう》が減《へ》る
魂《たましい》には
においもある？
人《ひと》の魂《たましい》の重《おも》さは
約《やく》21グラム？

血《ち》をぬかれて殺《ころ》される牛《うし》たち

キャトル・ミューティレーション《きゃとる・みーゅてぃれーしょん》

現場《げんば》でUFO《ユーフォー》を見《み》かける

DATA

場所《ばしょ》
アメリカなど

タイプ
異常《いじょう》

危険度《きけんど》

1960年代《ねんだい》から1970年代《ねんだい》、アメリカ全土《ぜんど》できみょうな事件《じけん》が起《お》こった。牧場《ぼくじょう》で牛《うし》が次々《つぎつぎ》に切《き》りさかれて殺《ころ》されたのだ。不思議《ふしぎ》なことに、牛《うし》の死《し》体《たい》には血《ち》が流《なが》れておらず、体全体《からだぜんたい》の血《けつ》液《えき》だけぬきとられたようだったという。2000年以降《ねんいこう》は、牛《うし》だけでなく豚《ぶた》、羊《ひつじ》、馬《うま》なども被害《ひがい》にあった。このように家畜《かちく》がなぞめいた殺《ころ》され方《かた》をする事《じ》件《けん》をキャトル・ミューティレーション

研究《けんきゅう》報告書《ほうこくしょ》

犯人《はんにん》はUFO《ユーフォー》に乗《じょう》ってやってきた宇宙人《うちゅうじん》？

2006年《ねん》、アメリカで殺《ころ》された牛《うし》の死体《したい》には、高《たか》い空《そら》から落《お》とされたあとがあったという。また、2009年《ねん》、アルゼンチンでは、牛《うし》が上空《じょうくう》のＵＦＯ《ユーフォー》に吸《す》い上《あ》げられていく光景《こうけい》が目撃《もくげき》され、撮影《さつえい》された。キャトル・ミューティレーションの現場《げんば》では、ＵＦＯ《ユーフォー》が目撃《もくげき》されることも多《おお》い。これらのことから一連《いちれん》の事件《じけん》の犯人《はんにん》は、やはり宇宙人《うちゅうじん》なのかもしれない。なぜ家畜《かちく》を殺《ころ》し、血液《けつえき》を集《あつ》めているのだろうか。

1967年《ねん》にアメリカで起《お》きた最初《さいしょ》の事件《じけん》の写真《しゃしん》。

と呼《よ》ぶ。キャトルは「牛《うし》」、ミューティレーションは「切《き》る」という意味《いみ》だ。犯行《はんこう》の目的《もくてき》は不明《ふめい》だが、キャトル・ミューティレーションのあった各地《かくち》の現場《げんば》では、ＵＦＯがひんぱんに目撃《もくげき》されており、宇宙人《うちゅうじん》による犯行《はんこう》ではないかという見方《みかた》もある。

キミの周《まわ》りで起《お》きたら？

身《み》をかくして周囲《しゅうい》をよく観察《かんさつ》しよう

危険《きけん》なので近《ちか》づいてはいけない。必《かなら》ず大人《おとな》の人《ひと》を呼《よ》び、かくれて周囲《しゅうい》を観察《かんさつ》しよう。特《とく》に、空《そら》にUFO《ユーフォー》がいないか要《よう》チェックだ。

守護霊《しゅごれい》

人間《にんげん》ならだれでも、生《う》まれてから死《し》ぬまで必《かなら》ずついているという霊《れい》。その人《ひと》を見守《みまも》り、危険《きけん》から守《まも》ってくれたり正《ただ》しい方向《ほうこう》に導《みちび》いてくれたりする。ご先祖様《せんぞさま》や、その人《ひと》に関《かか》わりのあるだれかの霊《れい》、あるいは自分自身《じぶんじしん》の前世《ぜんせ》の魂《たましい》が守護霊《しゅごれい》になると言《い》われている。

守護霊《しゅごれい》は、その人《ひと》が苦労《くろう》を乗《の》り越《こ》えることで、守護霊自身《しゅごれいじしん》も成長《せいちょう》することができるという。つまり守護霊《しゅごれい》に力《ちから》を授《さず》けてもらうには、なまけたりすることをやめて努力《どりょく》することが大切《たいせつ》だとされる。欲望《よくぼう》に目《め》がくらんだ人《ひと》には悪《わる》い霊《れい》がつきやすく、そうすると守護霊《しゅごれい》は助《たす》けられなくなるそうだ。墓参《はかまい》りをするなど、ご先祖様《せんぞさま》への感謝《かんしゃ》の気持《きも》ちを忘《わす》れないことも大事《だいじ》だろう。

DATA

場所《ばしょ》	タイプ
世界中《せかいじゅう》	異常

危険度《きけんど》

こわさ　レア度

人《ひと》の一生《いっしょう》を見守《みまも》る

努力《どりょく》した人《ひと》を助《たす》ける

キミの周《まわ》りで起《お》きたら？

自分《じぶん》の直感《ちょっかん》を信《しん》じてみよう

守護霊《しゅごれい》に助《たす》けられるときは「直感《ちょっかん》」が働《はたら》くことが多《おお》い。「こうしたい」と思《おも》ったら迷《まよ》わず心《こころ》にしたがってみよう。守護霊《しゅごれい》の導《みちび》きかも。

ご先祖様《せんぞさま》などの霊《れい》

人《ひと》の後《うし》ろにいて一生《いっしょう》を見守《みまも》るよい霊《れい》

研究報告書《けんきゅうほうこくしょ》

守護霊《しゅごれい》が話《はな》しかけてくることもある

守護霊《しゅごれい》からメッセージを受《う》け取《と》るという話《はなし》は世界《せかい》中《じゅう》にある。たとえばドイツの音楽家《おんがくか》バッハは「神《かみ》々《がみ》が曲《きょく》を聞《き》かせてくれた」と告白《こくはく》している。この神《かみ》というのが、実《じつ》は守護霊《しゅごれい》だったのかもしれない。また、作家《さっか》のゲーテは難《むずか》しい問題《もんだい》にぶつかったとき、目《め》に見《み》えない何《なに》かと話《はな》して答《こた》えを出《だ》していたという。人並《ひとな》みならぬ努力《どりょく》をした彼《かれ》らは、守護霊《しゅごれい》から力《ちから》を授《さず》かっていたのかもしれない。

音楽家《おんがくか》のバッハ。神《かみ》に感謝《かんしゃ》しながら作曲《さっきょく》をしたという。

科学《かがく》では説明《せつめい》できない不思議《ふしぎ》な出来事《できごと》！

「超常体験《ちょうじょうたいけん》」とは何《なに》か？

この世《よ》には、科学《かがく》の常識《じょうしき》をくつがえすような不思議《ふしぎ》な現象《げんしょう》がたくさんある。これらのミステリーが解《と》き明《あ》かされる日《ひ》は来《く》るのだろうか？

説明《せつめい》のできない異常《いじょう》な体験《たいけん》

超常体験《ちょうじょうたいけん》とは、心霊現象《しんれいげんしょう》や超能力《ちょうのうりょく》など、現代《げんだい》の科学《かがく》では説明《せつめい》がつかないような現象《げんしょう》を体験《たいけん》すること。この世《よ》のものではない何《なに》かの働《はたら》きとしか思《おも》えないような現象《げんしょう》が、世界中《せかいじゅう》で起《お》きている。

自分自身《じぶんじしん》と同《おな》じ人間《にんげん》、または分身《ぶんしん》を目撃《もくげき》する現象《げんしょう》「ドッペルゲンガー（↓P20）」、ふれていないのに物《もの》が勝手《かって》に動《うご》き出《だ》す「ポルターガイスト（↓P70）」などが知《し》られている。

☞ポルターガイストを起《お》こす霊《れい》と交信《こうしん》したというフォックス姉妹《しまい》。

選《えら》ばれた人《ひと》に起《お》こる「聖痕《せいこん》」現象《げんしょう》

正体不明《しょうたいふめい》の力《ちから》によって、人体《じんたい》が傷《きず》つくこともある。とつぜん体《からだ》から火《ひ》が出《で》る「人体発火現象《じんたいはっかげんしょう》（↓P166）」や、悪魔《あくま》が乗《の》り移《うつ》り、体《からだ》に文字《もじ》が刻《きざ》まれることもある「悪魔《あくま》つき（↓P82）」などだ。

病《やまい》をいやすなど数々《かずかず》の奇跡《きせき》を起《お》こし「20世紀最大《せいきさいだい》の聖人《せいじん》」とも言《い》われているイタリアのピオ神父《しんぷ》は、約《やく》50年《ねん》にわたって両手《りょうて》や両足《りょうあし》などに「聖痕現象《せいこんげんしょう》」が現《あらわ》れたという。聖痕《せいこん》というのは、キリストがはりつ

☞聖痕《せいこん》が現《あらわ》れたというイタリアのピオ神父《しんぷ》。

これまでに報告《ほうこく》された「超常体験《ちょうじょうたいけん》」

臨死体験《りんしたいけん》

生《せい》と死《し》の境《さかい》をさまよい死後《しご》の世界《せかい》をのぞくこと。2008年《ねん》に脳神経外科医《のうしんけいげかい》のエベン・アレグザンダーは臨死体験中《りんしたいけんちゅう》、存在《そんざい》すら知《し》らなかった死《し》んだ妹《いもうと》に会《あ》った。

生《い》き返《かえ》り

死《し》んだはずの者《もの》がふたたび命《いのち》を取《と》りもどす現象《げんしょう》。1966年《ねん》、アメリカでアンチ・ムーアという女性《じょせい》が亡《な》くなり、まいそうされたが３日後《かご》に生《い》き返《かえ》ったという。

生《う》まれ変《か》わり（転生《てんせい》）

死《し》んだ人《ひと》の魂《たましい》が別《べつ》の体《からだ》に宿《やど》り、新《あら》たに生《う》まれること。前世《ぜんせ》の記憶《きおく》をもつ場合《ばあい》もある。チベットの法王《ほうおう》ダライ・ラマは、代々転生《だいだいてんせい》をくり返《かえ》しているという。

シンクロニシティ

まるで深《ふか》い意味《いみ》をもつように、複数《ふくすう》の出来事《できごと》が偶然《ぐうぜん》に一致《いっち》すること。アメリカ歴代大統領《れきだいだいとうりょう》のリンカーンとケネディは100年《ねん》ちがいで共通点《きょうつうてん》が多《おお》い（→Ｐ217）。

憑依《ひょうい》

心霊現象《しんれいげんしょう》の一種《いっしゅ》で、霊的存在《れいてきそんざい》が乗《の》り移《うつ》ること。とりついたものの言《い》いなりになる。「悪魔《あくま》つき」「キツネつき」などとりつくもので呼《よ》び名《な》が変《か》わる。

聖痕《せいこん》

イエス・キリストがはりつけの刑《けい》で受《う》けたものと同《おな》じ傷《きず》が現《あらわ》れる現象《げんしょう》。1898年《ねん》に生《う》まれたドイツのテレーザ・ノイマンは生涯《しょうがい》、聖痕現象《せいこんげんしょう》を受《う》けた。

エイリアン・アブダクション

未確認飛行物体《みかくにんひこうぶったい》（UFO《ユーフォー》）や地球外知的生命体《ちきゅうがいちてきせいめいたい》（異星人《いせいじん》）に誘拐《ゆうかい》される現象《げんしょう》。1961年《ねん》、アメリカでヒル夫妻《ふさい》が誘拐《ゆうかい》され、さまざまなメディアで取《と》り上《あ》げられた。

けにされたときに受《う》けたものと同《おな》じ傷《きず》がとつぜん現《あらわ》れる現《げん》象《しょう》のことだ。神《かみ》に選《えら》ばれた者《もの》だけに現《あらわ》れる、聖《せい》なる現象《げんしょう》なのだという。

「転生《てんせい》」という超常体験《ちょうじょうたいけん》もある

死《し》んだ者《もの》がもう一度《いちど》生《う》まれる「生《う》まれ変《か》わり（転生《てんせい》）」という現象《げんしょう》もある。生《う》まれ変《か》わった人《ひと》の中《なか》には、前世《ぜんせ》の記《き》憶《おく》をもつ者《もの》もいる。

たとえば１９５７年《ねん》、イギリスで11歳《さい》の双子《ふたご》の姉妹《しまい》が事《じ》故《こ》で亡《な》くなった。１年後《ねんご》、母《はは》親《おや》はふたたび双子《ふたご》を出産《しゅっさん》し、生《う》まれた双子《ふたご》には、亡《な》くなった双子《ふたご》と同《おな》じ傷《きず》あとやアザがあった。さらに双子《ふたご》が3歳《さい》になると、亡《な》くなった双子《ふたご》の記《き》憶《おく》をしゃべり出《だ》したという。

また、１９５６年《ねん》にはアメリカ人《じん》のヴァージニアという女性《じょせい》が、さいみん術《じゅつ》によって、アイルランド人《じん》の女性《じょせい》として生《い》きていた１００年前《ねんまえ》の前世《ぜんせ》の記憶《きおく》を正確《せいかく》に思《おも》い出《だ》したという。人間《にんげん》の魂《たましい》は転生《てんせい》をくり返《かえ》しているのだろうか。

"Bridey Murphy" (Ruth Simmons)

☞さいみん術《じゅつ》で前世《ぜんせ》を思《おも》い出《だ》したというヴァージニア・タイ。

キミも超《ちょう》常《じょう》体《たい》験《けん》をするかもしれない！

超常体験《ちょうじょうたいけん》は、いつどこで起《お》こるかわからない。明日《あす》にでも、キミの身《み》に起《お》こるかもしれないのだ。

超常怪奇人物伝《ちょうじょうかいきじんぶつでん》

超《ちょう》能《のう》力《りょく》者《しゃ》 長《おさ》南《なみ》年《とし》恵《え》

神《かみ》がかった超能力《ちょうのうりょく》をもち、何《なに》も食《た》べなくとも生《い》きつづけたという長南年《おさなみとし》恵《え》。超能力《ちょうのうりょく》をめぐって裁判《さいばん》が開《ひら》かれ、法廷《ほうてい》でその力《ちから》を正式《せいしき》に認《みと》められたという彼女《かのじょ》は、「女生神《おんないきがみ》」とも呼《よ》ばれていた。

日本《にほん》で超能力裁判《ちょうのうりょくさいばん》が行《おこな》われた！

物質《ぶっしつ》を自在《じざい》に出現《しゅつげん》させた超能力者《ちょうのうりょくしゃ》

長南年恵《おさなみとしえ》は、江戸時代末期《えどじだいまっき》の１８６３年《ねん》、現在《げんざい》の山形県鶴岡市《やまがたけんつるおかし》に生《う》まれた。彼女《かのじょ》は、若《わか》いときにとつぜん、血《ち》を吐《は》いてからというもの、特別《とくべつ》な能力《のうりょく》が開《かい》花《か》したと言《い》われている。

年恵《としえ》がもっとも得意《とくい》としていたのが、何《なに》もない空中《くうちゅう》から物品《ぶっぴん》を引《ひ》き出《だ》す「物《ぶっ》質化現象《しっかげんしょう》（アポーツ現象《げんしょう》ともいう→P65）」だ。年恵《としえ》はその力《ちから》を用《もち》いて、どんな難病《なんびょう》でも治《なお》してしまう「霊水《れいすい》（神《しん》水《すい》）」を出現《しゅつげん》させ、病気《びょうき》に苦《くる》しむ人々《ひとびと》に分《わ》けあたえていたという。

だが、年恵《としえ》の評判《ひょうばん》が高《たか》まるにつれて、彼女《かのじょ》の力《ちから》を認《みと》めたがらない人々《ひとびと》が現《あらわ》れた。ついには警察《けいさつ》にたいほされ、裁判《さいばん》が開《ひら》かれることになった。

不思議《ふしぎ》なことに、年恵《としえ》は警察《けいさつ》につかまっていた67日間《にちかん》、飲食物《いんしょくぶつ》をほとんど口《くち》にしなかったという。また、つかまっている間《あいだ》も物質化現象《ぶっしつかげんしょう》の奇跡《きせき》を起《お》こし、周囲《しゅうい》の人々《ひとびと》をおどろかせている。

いよいよ行《おこな》われた歴史的《れきしてき》な「霊水裁判《れいすいさいばん》」

ついに明治時代《めいじじだい》の１８９９年《ねん》、年恵《としえ》の霊水《れいすい》をめぐる裁判《さいばん》が行《おこな》われた。裁判《さいばん》長《ちょう》が年恵《としえ》に質問《しつもん》をした。

「この法廷《ほうてい》で、霊水《れいすい》を出《だ》すことはできるのかね？」

「はい、できます。ただ、集中《しゅうちゅう》したいので、少《すこ》し身《み》をかくせる場所《ばしょ》を貸《か》してください」

こうして年恵《としえ》は、法廷《ほうてい》で物質化現象《ぶっしつかげんしょう》

を起《お》こすことになった。年恵《としえ》は、用意《ようい》された小部屋《こべや》に入《はい》る前《まえ》に、服《ふく》をぬいで念入《ねんい》りに検査《けんさ》をされた。

そして年恵《としえ》は空《あ》きビンを手《て》にして、小部屋《こべや》に入《はい》り、約《やく》2分後《ふんご》に出《で》てきた。彼女《かのじょ》の持《も》つ空《あ》きビンには、霊水《れいすい》がたっぷり満《み》たされていたという。その霊水《れいすい》は法廷《ほうてい》で確認《かくにん》されたが、あやしいところはなかった。

驚《おどろ》いた裁判長《さいばんちょう》は、年恵《としえ》に質問《しつもん》した。

「この水《みず》は何《なに》に効《き》くのか」

「万病《まんびょう》に効《き》きます。神様《かみさま》へなんの病《やまい》に効《き》く薬《くすり》とお願《ねが》いしたわけではありませんから」

「この薬《くすり》をもらってもいいか」

「かまいません」

こうして裁判《さいばん》は終《お》わり、年恵《としえ》は無罪《むざい》となった。裁判長《さいばんちょう》が持《も》ち帰《かえ》った霊水《れいすい》は、お酒《さけ》の味《あじ》がしたと言《い》われている。

その後《ご》、年恵《としえ》は故郷《こきょう》へもどり、44歳《さい》で亡《な》くなるまで断食《だんじき》を続《つづ》けたという。何《なに》も食《た》べていないのにすこぶる健康《けんこう》で、若《わか》さを保《たも》っていたそうだ。

透視《とうし》、念写《ねんしゃ》……明治時代《めいじじだい》の超能力者《ちょうのうりょくしゃ》たち

日本《にほん》で有名《ゆうめい》な超能力者《ちょうのうりょくしゃ》は他《ほか》にもいる。明治時代末期《めいじじだいまっき》の御船千鶴子《みふねちずこ》だ。千鶴子《ちずこ》は、海《うみ》でなくした指輪《ゆびわ》をを見《み》つける、炭鉱《たんこう》を発見《はっけん》する、体《からだ》を見《み》ただけで病気《びょうき》の場所《ばしょ》がわかるなど、すぐれた透視《とうし》（→P44）能力《のうりょく》の持《も》ち主《ぬし》だった。のちに、日本《にほん》で初《はじ》めて超能力《ちょうのうりょく》を学問《がくもん》として研究《けんきゅう》する大学教授《だいがくきょうじゅ》のため、実験《じっけん》に協力《きょうりょく》した人物《じんぶつ》でもあった。

また、千鶴子《ちずこ》と同世代《どうせだい》を生《い》きた超能《ちょうのう》力者《りょくしゃ》として、すぐれた透視《とうし》や念写《ねんしゃ》（→P65）をもつ長尾郁子《ながおいくこ》、トランス状態《じょうたい》で超能力《ちょうのうりょく》を発動《はつどう》する高橋貞子《たかはしさだこ》などもいた。

しかし、未知《みち》の力《ちから》をおそれ、信《しん》じようとしない人々《ひとびと》は多《おお》い。彼女《かのじょ》たちは世間《せけん》から非難《ひなん》を受《う》けるなど、波乱《はらん》に満《み》ちた生涯《しょうがい》を送《おく》ったという。

第《だい》3章《しょう》

不《ふ》可《か》解《かい》な事《じ》件《けん》

行《い》ってはいけない魔《ま》の領《りょう》域《いき》

止《と》まらない死《し》の呪《のろ》い

降《ふ》りそそぐ血《ち》の雨《あめ》

いきなり燃《も》える人《ひと》々《びと》

ム認《にん》定《てい》！

なぞがなぞを呼《よ》ぶ
だれも解明《かいめい》できない未解決事件《みかいけつじけん》
見《み》えない力《ちから》が不思議《ふしぎ》な現象《げんしょう》を
引《ひ》き起《お》こしているのか？

次《つぎ》に不可解《ふかかい》な事件《じけん》を
目撃《もくげき》するのは
キミかもしれない……

第3章

飛行機《ひこうき》や船《ふね》が消《き》える!?
魔《ま》の三角《さんかく》エリア

ブゥゥン
この場所《ばしょ》で彼《かれ》らは飛行機《ひこうき》を操縦《そうじゅう》していたはずだ
バミューダ・トライアングル…
バミューダ諸島《しょとう》
フロリダ
バミューダトライアングル
メキシコ湾《わん》
カリブ海《かい》
プエルトリコ
この日《ひ》この時間《じかん》に練習中《れんしゅうちゅう》の雷撃機《らいげきき》5機《き》がこつぜんと消《き》えたんだ!
フライト19事件《じけん》だな

ミ
ぐるっ
これは磁気異常《じきいじょう》？
ぐる
パァァ
あれ!?
あの飛行機《ひこうき》は!?

28
F-T
28
あのナンバーは…
消《き》えた隊長機《たいちょうき》の
FT《エフティー》28!?
ここはどこなんだ!
ダン隊長《たいちょう》!!
前《まえ》を見《み》て!!
危《あぶ》ない!!
ぶつかる!!

うわー!!
ザザーン…
あれは同《おな》じ日《ひ》に消《き》えた機体《きたい》だった…
ぼくたちの見《み》たものはいったいなんだったんだろうか？

第3章

バミューダ・トライアングル《ばみゅーだ・とらいあんぐる》

船《ふね》や飛《ひ》行《こう》機《き》が消《け》えるおそろしい海《かい》域《いき》

魔《ま》の三《さん》角《かく》地《ち》帯《たい》と呼《よ》ばれる

キミの周《まわ》りで起《お》きたら？

この海域《かいいき》には決《けっ》して近《ちか》づかないこと

なぜこの海域《かいいき》で異常《いじょう》な現象《げんしょう》が起《お》こるのかは不明《ふめい》だ。原因《げんいん》がわからない以上《いじょう》、「近《ちか》づかない」という対《たい》策《さく》をとる以外《いがい》にないだろう。

北《きた》アメリカと南《みなみ》アメリカ大陸《たいりく》の間《あいだ》のカリブ海《かい》にある、プエルトリコ、フロリダ半島《はんとう》、バミューダ諸島《しょとう》を結《むす》んだ三《さん》角形《かくけい》の海域《かいいき》。この海域《かいいき》をバミューダ・トライアングルといい、昔《むかし》から、「魔《ま》の三角《さんかく》地《ち》帯《たい》」とも呼《よ》ばれている。この地域《ちいき》を通《とお》る船《ふね》や飛行機《ひこうき》が、あとかたもなく「消滅《しょうめつ》」してしまうためだ。

1945年《ねん》には「フライト19」と呼《よ》ばれる5機《き》の軍用《ぐんよう》の飛行機《ひこうき》がとつぜん消《き》えてしまい、救助《きゅうじょ》に向《む》かった飛行機《ひこうき》もゆくえ不明《ふめい》になってしまった。飛行《ひこう》機《き》が落《お》ちた形跡《けいせき》もなかったという。

その他《ほか》にも、レーダーがおかしくなる、とつぜん海《うみ》が荒《あ》れる、乗組員《のりくみいん》だけが消《き》える、幽霊船《ゆうれいせん》が現《あらわ》れるなど、異常《いじょう》な現象《げんしょう》ばかりが続《つづ》いているという。

DATA

危険度《きけんど》

こわさ

レア度《ど》

タイプ

異常《いじょう》

場所《ばしょ》

大西洋《たいせいよう》

研究報告書《けんきゅうほうこくしょ》

アトランティスと関係《かんけい》がある？

バミューダ・トライアングルでは、100年以上前《ねんいじょうまえ》から異常《いじょう》な現象《げんしょう》が語《かた》りつがれており、これまでに1000名以上《めいいじょう》がゆくえ不明《ふめい》になっているという。この魔《ま》の海域《かいいき》には、１万年以上昔《まんねんいじょうむかし》にしずんだアトランティスという大陸《たいりく》があったという説《せつ》がある。アトランティスはすぐれた文明《ぶんめい》をもっており、都市《とし》から発《はっ》せられた強力《きょうりょく》なエネルギーが、この海域《かいいき》に魔《ま》の力《ちから》を生《う》み出《だ》しているのではないかともウワサされている。

消滅《しょうめつ》してしまったフライト19。

カエルや金属《きんぞく》の球《たま》……
空《そら》からの落《お》としもの

ファフロツキーズ《ふぁふろつきーず》

生《い》き物《もの》や物体《ぶったい》が降《ふ》ってくる

ファフロツキーズとは「空《そら》からの落《らっ》下物《かぶつ》」という意味《いみ》。とつぜん大量《たいりょう》のカエルや小魚《こざかな》、数百匹《すうひゃくひき》のミミズ、クモなどが空《そら》から降《ふ》ってくる現象《げんしょう》で、生《い》き物《もの》以外《いがい》にもお金《かね》、野菜《やさい》の種《たね》、大《おお》きな金属《きんぞく》の球《たま》や氷《こおり》、大量《たいりょう》の血液《けつえき》なども降《ふ》ってくる。短時間《たんじかん》のうちに、ものすごい量《りょう》が一定《いってい》の地域《ちいき》に降《ふ》り注《そそ》ぐことが特《とく》ちょうで、昔《むかし》から世界中《せかいじゅう》で起《お》きているという。

原因《げんいん》はわかっておらず、航空機《こうくうき》から落《お》ちたもの、竜巻《たつまき》で巻《ま》き上《あ》げられたものなどの説《せつ》がある。だが、航空機《こうくうき》が発《はっ》明《めい》される前《まえ》から起《お》きており、竜巻《たつまき》で特《とく》定《てい》の生《い》き物《もの》だけ大量《たいりょう》に巻《ま》き上《あ》げられるのもおかしい。この現象《げんしょう》の背後《はいご》にはいったい、どんななぞがかくされているのだろうか。

研究報告書《けんきゅうほうこくしょ》

世界中《せかいじゅう》、どこでも起《お》きる可能性《かのうせい》がある

ファフロツキーズ現象《げんしょう》は世界中《せかいじゅう》で起《お》きている。2003年《ねん》1月《がつ》、アメリカでは降《ふ》ってきた魚《さかな》の群《む》れがスクールバスに直撃《ちょくげき》したという。2005年《ねん》6月《がつ》、ロシアのオザシ村《むら》では、大量《たいりょう》のカエルが降《ふ》り注《そそ》いだ。2018年《ねん》6月《がつ》、中国《ちゅうごく》の青島《チャンタオ》では、タコやヒトデなどの魚介類《ぎょかいるい》が大量《たいりょう》に降《ふ》り注《そそ》ぎ、町《まち》をうめつくしたという。日本《にほん》でも起《お》きており、2009年《ねん》には石川県《いしかわけん》で大量《たいりょう》のオタマジャクシが降《ふ》ってきている。

ファフロツキーズ現象《げんしょう》を描《えが》いた古《ふる》い絵《え》。

とつぜん空《そら》から落《お》ちてくる

原因《げんいん》は不明《ふめい》

キミの周《まわ》りで起《お》きたら？

頭《あたま》を守《まも》って建物《たてもの》などにかくれよう

降《ふ》ってきたものでケガをしたという事件《じけん》もあるので、すぐに建物《たてもの》や地下《ちか》にかくれよう。数分《すうふん》でおさまるはずだ。

DATA

場所《ばしょ》：世界中《せかいじゅう》

タイプ：異常

危険度《きけんど》

こわさ

レア度《ど》

第3章

まばたきする少女のミイラ《まばたきするしょうじょのみいら》

魂《たましい》がもどった？ まばたきするミイラ

イタリアのシチリア島《とう》の地下墓地《ちかぼち》には、世界一《せかいいち》美《うつく》しいミイラがある。

そのミイラとは、1920年《ねん》ごろにわずか2歳《さい》で亡《な》くなった少女《しょうじょ》ロザリア・ロンバルド。ロザリアの死《し》を悲《かな》しんだ両親《りょうしん》が、むすめの体《からだ》を永遠《えいえん》に残《のこ》したいと考《かんが》え、医師《いし》にたのんでロザリアの遺体《いたい》をミイラにして保存《ほぞん》してもらったのだ。ミイラとなったロザリアは、まるで生《い》きているように美《うつく》しかった。

ところが2014年《ねん》、不思議《ふしぎ》なことが起《お》きた。ロザリアが1日《にち》に数回《すうかい》、ゆっくりとまばたきをするところをカメラがとらえたのだ。映像《えいぞう》には少女《しょうじょ》の青《あお》いひとみまでしっかり見《み》えた。人々《ひとびと》は、ロザリアの魂《たましい》が体《からだ》にもどってくれたのだと信《しん》じているという。

DATA

場所《ばしょ》: イタリア

タイプ: 異常

研究報告書《けんきゅうほうこくしょ》

さまよえる死者《ししゃ》の魂《たましい》が乗《の》り移《うつ》った？

ミイラとなったロザリアがなぜまばたきをするのか、今《いま》も原因《げんいん》はわかっていない。地下墓《ちかぼ》地《ち》の窓《まど》から入《はい》る光《ひかり》のせいで見《み》まちがえたとする説《せつ》、ひつぎの室温《しつおん》が変化《へんか》したためという説《せつ》などがささやかれている。地下墓地《ちかぼち》には、ロザリア以外《いがい》にも約《やく》8000人《にん》もの死者《ししゃ》がほうむられている。もしかしたら、いまだに成仏《じょうぶつ》できずにさまよう死者《ししゃ》の霊魂《れいこん》が、ロザリアの美《うつく》しい肉体《にくたい》を求《もと》めて宿《やど》ったのかもしれない。

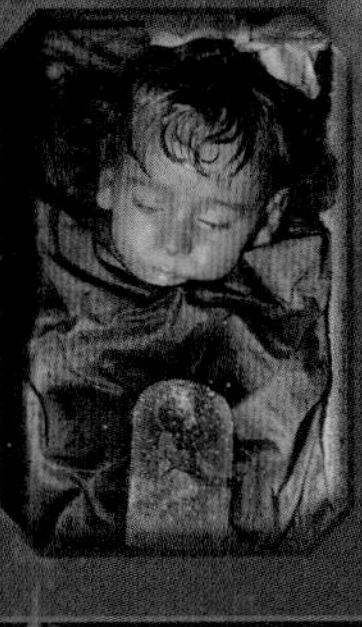

☞ロザリア・ロンバルドのミイラ。まるでねむっているようだ。

イタリアの地下墓地《ちかぼち》にある

キミの周《まわ》りで起《お》きたら？

ミイラを静《しず》かに見守《みまも》ってあげよう

まばたきをするだけで人《ひと》に害《がい》をおよぼすことはないようだ。静《しず》かに見守《みまも》り、ロザリアの魂《たましい》に手《て》を合《あ》わせよう。

霊界通信《れいかいつうしん》

作曲家《さっきょくか》の霊《れい》が現《あらわ》れた

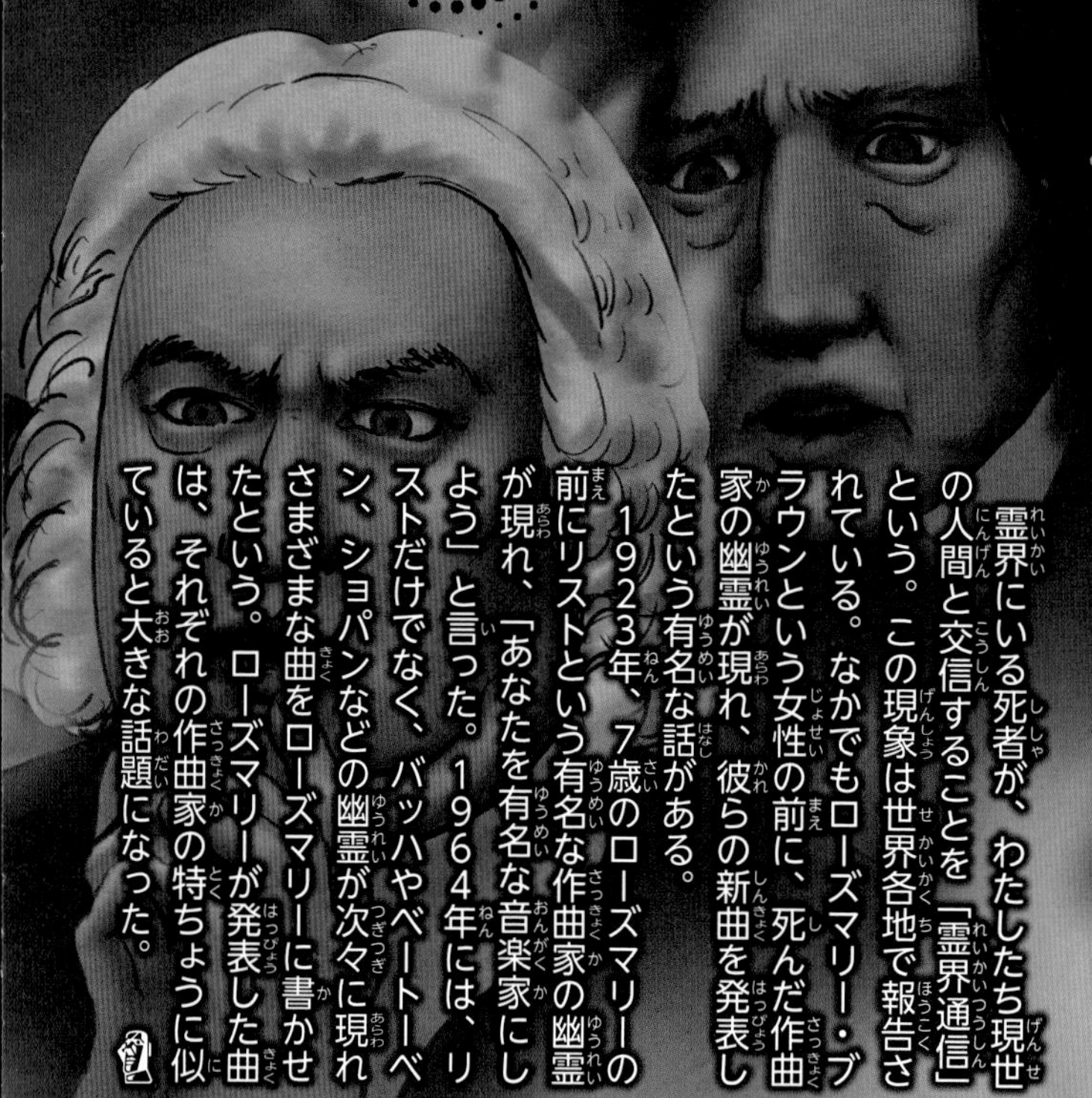

霊界《れいかい》にいる死者《ししゃ》が、わたしたち現世《げんせ》の人間《にんげん》と交信《こうしん》することを「霊界通信《れいかいつうしん》」という。この現象《げんしょう》は世界各地《せかいかくち》で報告《ほうこく》されている。なかでもローズマリー・ブラウンという女性《じょせい》の前《まえ》に、死《し》んだ作曲家《さっきょくか》の幽霊《ゆうれい》が現《あらわ》れ、彼《かれ》らの新曲《しんきょく》を発表《はっぴょう》したという有名《ゆうめい》な話《はなし》がある。

1923年《ねん》、7歳《さい》のローズマリーの前《まえ》にリストという有名《ゆうめい》な作曲家《さっきょくか》の幽霊《ゆうれい》が現《あらわ》れ、「あなたを有名《ゆうめい》な音楽家《おんがくか》にしよう」と言《い》った。1964年《ねん》には、リストだけでなく、バッハやベートーベン、ショパンなどの幽霊《ゆうれい》が次々《つぎつぎ》に現《あらわ》れさまざまな曲《きょく》をローズマリーに書《か》かせたという。ローズマリーが発表《はっぴょう》した曲《きょく》は、それぞれの作曲家《さっきょくか》の特《とく》ちょうに似《に》ていると大《おお》きな話題《わだい》になった。

研究報告書《けんきゅうほうこくしょ》

ローズマリーは超能力者《ちょうのうりょくしゃ》だった？

ローズマリー自身《じしん》は、音楽《おんがく》の知識《ちしき》がほとんどなかった。自分《じぶん》が書《か》いた曲《きょく》をピアノで弾《ひ》くこともできなかったにもかかわらず、有名作曲家《ゆうめいさっきょくか》の新曲《しんきょく》を作《つく》りつづけたのである。ローズマリーは、音楽家《おんがくか》と心理学者《しんりがくしゃ》により調査《ちょうさ》を受《う》けたが、ウソは見《み》つからなかった。彼女《かのじょ》は透視《とうし》（→P44）能力《のうりょく》をもつ超能力者《ちょうのうりょくしゃ》で、作曲家《さっきょくか》が書《か》き残《のこ》した未発表《みはっぴょう》の作品《さくひん》を無意識《むいしき》で読《よ》み取《と》り、書《か》き写《うつ》したのではないかとする説《せつ》もある。

作曲家《さっきょくか》が教《おし》える新曲《しんきょく》を書《か》き写《うつ》すローズマリー・ブラウン。

死《し》んだ作《さっ》曲《きょく》家《か》が現《げん》世《せ》の人《ひと》に曲《きょく》を教《おし》える

DATA

危険度《きけんど》

こわさ

レア度《ど》

タイプ

異常

場所《ばしょ》

イギリスなど

死者《ししゃ》が現世《げんせ》の人間《にんげん》に話《はな》しかける

\キミの周《まわ》りで起《お》きたら?/

霊《れい》の言葉《ことば》に耳《みみ》をかたむけてみよう

霊《れい》は夢《ゆめ》などを通《とお》して語《かた》りかけてくるらしい。邪悪《じゃあく》な感《かん》じがしなければ、直感《ちょっかん》を信《しん》じて霊《れい》の教《おし》えにしたがってみてもいいかもしれない。

霊《れい》が新曲《しんきょく》を書《か》かせた

第3章 人《ひと》を作《つく》り出《だ》す禁《きん》断《だん》の錬《れん》金《きん》術《じゅつ》

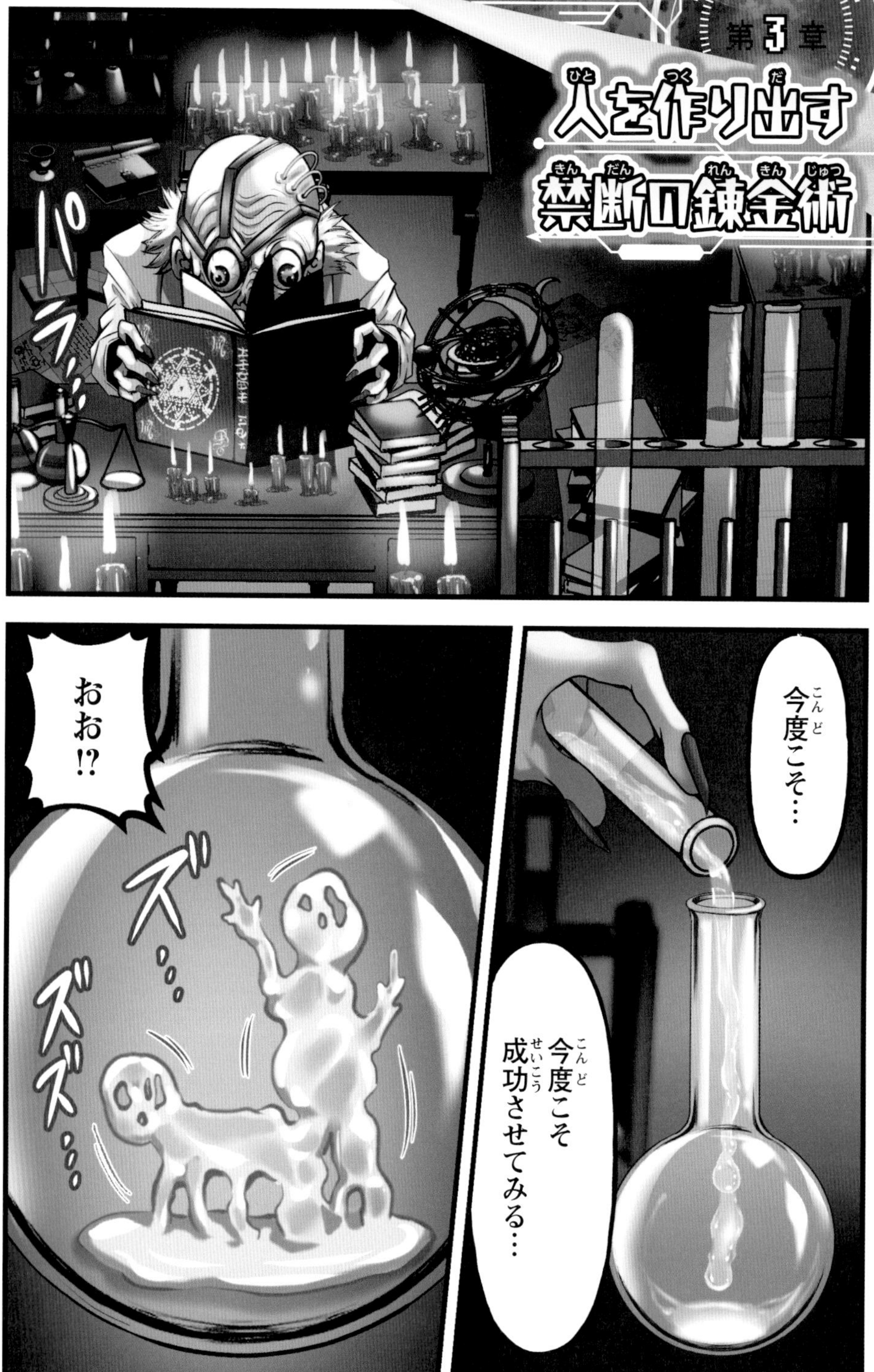

フラスコ内《ない》に赤《あか》ん坊《ぼう》が!!
さぁ わしの血《ち》で
もっと大《おお》きく…もっと賢《かしこ》く…
ついに完成《かんせい》したぞ!
わしの人造《じんぞう》人間《にんげん》が!!!

人造人間製造《じんぞうにんげんせいぞう》

人《ひと》の手《て》で生《う》み出《だ》された人《じん》工《こう》生《せい》命《めい》体《たい》

人造人間《じんぞうにんげん》とは、人間《にんげん》の手《て》によって作《つく》られた人工生命体《じんこうせいめいたい》のこと。昔《むかし》から、世界中《せかいじゅう》の人々《ひとびと》が人造人間《じんぞうにんげん》を作《つく》ろうと実験《じっけん》をくり返《かえ》してきた。

16世紀《せいき》ごろ、パラケルススという人物《じんぶつ》が錬金術《れんきんじゅつ》（金《きん》を生《う》み出《だ》す技術《ぎじゅつ》）で人間《にんげん》に似《に》た小《ちい》さな人造人間《じんぞうにんげん》を生《う》み出《だ》すことに成功《せいこう》したという。この人造人間《じんぞうにんげん》は「ホムンクルス」と呼《よ》ばれ、自分《じぶん》の意思《いし》や知識《ちしき》をもっていた。ただしフラスコの中《なか》でしか生《い》きられなかったという。

人造人間《じんぞうにんげん》の製造法《せいぞうほう》はさまざまある。たとえば、ガラス容器《ようき》に人間《にんげん》の体液《たいえき》を入《い》れて40日《にち》温《あたた》めてくさらせ、その後《ご》、容器《ようき》を馬《うま》のお腹《なか》の中《なか》と同《おな》じ温度《おんど》に保《たも》ちつつ人間《にんげん》の血《ち》を40週間《しゅうかん》あたえると、小《ちい》さな人造人間《じんぞうにんげん》が生《う》まれるという。

研究報告書《けんきゅうほうこくしょ》

ゴーレムも人造人間《じんぞうにんげん》の一種《いっしゅ》

ホムンクルスは生物《せいぶつ》の血《ち》などの材料《ざいりょう》から作《つく》られるが、石《いし》や土《つち》、金属《きんぞく》などから人造人間《じんぞうにんげん》を作《つく》ることもできる。代表的《だいひょうてき》なものは、どろ人形《にんぎょう》でできた「ゴーレム」だ。ただし、ゴーレムはホムンクルスのように自分《じぶん》の意思《いし》や知識《ちしき》をもたず、主人《しゅじん》の命令《めいれい》にしたがうロボットのような存在《そんざい》だ。16世紀《せいき》ごろ、ユダヤ教《きょう》のラビが神《かみ》の教《おし》えにしたがってゴーレムを作《つく》り、チェコのプラハの町《まち》を守《まも》らせたという伝説《でんせつ》がある。

☞ホムンクルスを作《つく》る錬金術師《れんきんじゅつし》。

キミの周《まわ》りで起《お》きたら?
シロウトが実験《じっけん》をするのは危険《きけん》
人造人間《じんぞうにんげん》を作《つく》る方法《ほうほう》は古《ふる》い書物《しょもつ》にのっている。ただし、生命《せいめい》を生《う》み出《だ》す行為《こうい》は非常《ひじょう》に危険《きけん》なため、実際《じっさい》には試《ため》さないほうが賢明《けんめい》だ。
DATA
場所《ばしょ》
ヨーロッパ
タイプ
異能
危険度《きけんど》
こわさ
レア度《ど》
人間《にんげん》の手《て》で作《つく》った人工生命体《じんこうせいめいたい》
錬金術《れんきんじゅつ》の技術《ぎじゅつ》を用《もち》いる
小《ちい》さな人間《にんげん》タイプもいる

ミステリーサークル《みすてりーさーくる》

畑《はたけ》の作物《さくもつ》がなぎたおされ、上空《じょうくう》から見《み》ると不思議《ふしぎ》なもようになっている超《ちょう》常現象《じょうげんしょう》を、ミステリーサークルという。もようは円形《えんけい》や三角形《さんかくけい》などが組《く》み合《あ》わさっており、風《かぜ》などの自然現象《しぜんげんしょう》が原因《げんいん》とは思《おも》えないほど複雑《ふくざつ》で整《ととの》っていることが特《とく》ちょうだ。この現象《げんしょう》は主《おも》にイギリス南部《なんぶ》の小麦畑《こむぎばたけ》で起《お》こっていて、人間《にんげん》のいたずらによるものも多《おお》い。ただし、かなり大《おお》きなサイズである、人間《にんげん》が作《つく》るには複雑《ふくざつ》すぎる形《かたち》をしている、たった一晩《ひとばん》で出現《しゅつげん》するなど、人のしわざとは思《おも》えないものもある。

地上《ちじょう》からよりも空《そら》から見《み》ると形《かたち》がよく見《み》えることから、宇宙人《うちゅうじん》が作《つく》ったものなので、地球人《ちきゅうじん》へのメッセージではないかとする説《せつ》が有力《ゆうりょく》だ。

研究《けんきゅう》報告書《ほうこくしょ》

起源《きげん》はかなり古《ふる》い

ミステリーサークルが知《し》られるようになったのは、1970年代《ねんだい》にイギリスの小麦畑《こむぎばたけ》で出現《しゅつげん》してからだ。最初《さいしょ》は直径《ちょっけい》20メートルほどの円《えん》だったが、円《えん》と直線《ちょくせん》を組《く》み合《あ》わせたものや、うずまき状《じょう》のものなど複雑《ふくざつ》な図形《ずけい》になっていったという。イギリスには17世紀《せいき》の時点《じてん》で麦《むぎ》をかりとって丸《まる》い形《かたち》を作《つく》る麦《むぎ》かり悪魔《あくま》の伝説《でんせつ》があり、ミステリーサークルの現象《げんしょう》はかなり昔《むかし》からあったのかもしれない。

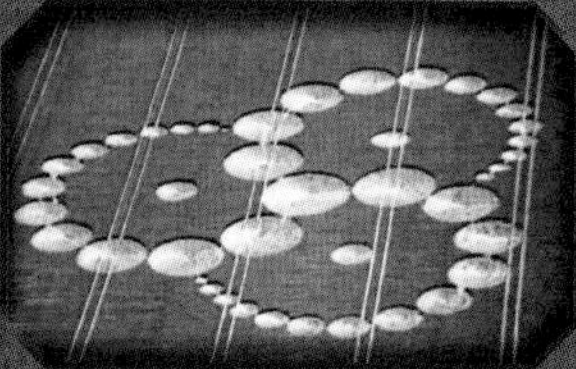

円形《えんけい》のミステリーサークル。

円《えん》や三角《さんかく》など複雑《ふくざつ》な形《かたち》

DATA

危険度《きけんど》

こわさ

レア度

タイプ

異常

場所《ばしょ》

イギリス

畑《はたけ》に作《つく》られた不《ふ》思《し》議《ぎ》な図《ず》形《けい》

キミの周《まわ》りで起《お》きたら？

近《ちか》くに宇宙人《うちゅうじん》がいるかもしれない

人間《にんげん》への被害《ひがい》はないため危険度《きけんど》は低《ひく》い。宇宙人《うちゅうじん》によるものかもしれないので、近《ちか》くにＵＦＯ《ユーフォー》などがいないか探《さが》してみよう。

第3章

ディアトロフ峠事件《でぃあとろふとうげじけん》

研究報告書《けんきゅうほうこくしょ》

事件現場《じけんげんば》は「死《し》の山《やま》」と呼《よ》ばれていた

9人《にん》の男女《だんじょ》がひどい死《し》に方《かた》をしてしまった原因《げんいん》はなんなのだろうか。現在《げんざい》は、雪山《ゆきやま》で起《お》きたなだれなどの自然現象《しぜんげんしょう》によるものだと言《い》われている。しかし、ＵＦＯ《ユーフォー》におそわれたという説以外《せついがい》にも、未確認生物《みかくにんせいぶつ》のイエティにおそわれた、軍事実験《ぐんじじっけん》に巻《ま》きこまれたなどの説《せつ》もある。彼《かれ》らが入《はい》った雪山《ゆきやま》は、現地《げんち》に暮《く》らす人《ひと》が「死《し》の山《やま》」と呼《よ》ぶ聖地《せいち》だという。この雪山《ゆきやま》に何《なに》かおそろしい力《ちから》があるのだろうか……。

☞残《のこ》されたカメラが写《うつ》したなぞの発光体《はっこうたい》の写真《しゃしん》。

DATA

場所《ばしょ》	タイプ
ロシア	異常

危険度《きけんど》

こわさ　レア度

亡《な》くなった原因《げんいん》は
不明《ふめい》

1959年《ねん》に旧《きゅう》ソ連《れん》（現在《げんざい》のロシア）で起《お》きたのが、ディアトロフ峠事件《とうげじけん》である。ディアトロフとは、9人《にん》の男女《だんじょ》

のグループのリーダーの名前《なまえ》だ。彼《かれ》らはスキーをしに雪山《ゆきやま》に入《はい》ったが、全員《ぜんいん》が遺体《いたい》で発見《はっけん》されたのだ。しかし、9人《にん》が亡《な》くなる大事件《だいじけん》にもかかわらず、捜査《そうさ》はとつぜん中止《ちゅうし》された。

のちに、9人《にん》がいたテントが内側《うちがわ》から破《やぶ》られており、発見《はっけん》された遺体《いたい》がひどい状態《じょうたい》だったことがわかった。残《のこ》されたカメラになぞの光《ひか》る物体《ぶったい》が写《うつ》っていたこと、事件《じけん》が起《お》きた山《やま》はよくUFO《ユーフォー》（未確認飛行物体《みかくにんひこうぶったい》）が目撃《もくげき》される場所《ばしょ》だったことから、UFO《ユーフォー》におそわれたとする説《せつ》がある。現在《げんざい》も原因《げんいん》不《ふ》明《めい》の未解決事件《みかいけつじけん》である。

9人《にん》の男女《だんじょ》をおそった未解決事件《みかいけつじけん》

キミの周《まわ》りで起《お》きたら？

UFO《ユーフォー》の目撃場所《もくげきばしょ》には注意《ちゅうい》！

原因不明《げんいんふめい》の事件《じけん》だが、UFO《ユーフォー》との関連《かんれん》がウワサされている。UFO《ユーフォー》の目撃情報《もくげきじょうほう》がある場所《ばしょ》には近《ちか》づかないほうがよさそうだ。

動くモアイ像《うごくもあいぞう》

南太平洋《みなみたいへいよう》に浮《う》かぶ孤島《ことう》イースター島《とう》には、モアイ像《ぞう》という人型《ひとがた》のなぞの石《せき》像《ぞう》がある。このモアイ像《ぞう》が昔《むかし》は島《しま》を歩《ある》いていた、という伝説《でんせつ》がある。

島《しま》には約《やく》1000体《たい》ものモアイ像《ぞう》が、あちこちに立《た》ち並《なら》んでいるが、すべて島《しま》の東部《とうぶ》にあるラノ・ララクという山《やま》で作《つく》られたという。モアイ像《ぞう》が完成《かんせい》すると、島《しま》の魔術師《まじゅつし》が魔法《まほう》をかけた。するとモアイ像《ぞう》はマナという力《ちから》を得《え》て、自力《じりき》で歩《ある》いて山《やま》を降《お》り、各地《かくち》へ散《ち》っていったそうだ。ところがある日《ひ》、島民《とうみん》が秘密《ひみつ》で大《おお》きなエビを食《た》べた。魔術師《まじゅつし》はおこってモアイ像《ぞう》をたおしたため、モアイ像《ぞう》は歩《ある》かなくなったそうだ。島《しま》の南海岸《みなみかいがん》には動《うご》かなくなったモアイ像《ぞう》が、今《いま》も転《ころ》がっているという。

DATA

場所《ばしょ》：イースター島《とう》（チリ）

タイプ：異物

キミの周《まわ》りで起《お》きたら？

像《ぞう》に気《き》づかれてはいけない

学校《がっこう》の校庭《こうてい》にある像《ぞう》が夜《よ》な夜《よ》な動《うご》くウワサがあるなど、石《いし》の像《ぞう》が動《うご》き出《だ》す現象《げんしょう》は多《おお》い。目撃《もくげき》したら、像《ぞう》に気《き》づかれる前《まえ》ににげよう。

研究報告書《けんきゅうほうこくしょ》

なぞが多《おお》いモアイ像《ぞう》

そもそもモアイ像《ぞう》についてわかっていることは少《すく》ない。10世紀《せいき》から17世紀《せいき》まで作《つく》られていたことはわかっているが、モアイ像《ぞう》が何者《なにもの》なのか、なぜ作《つく》られたのかという理由《りゆう》はいまだに不明《ふめい》なのだ。モアイ像《ぞう》は古代《こだい》インドで作《つく》られたという巨神兵《きょしんへい》「マダ」に似《に》せて作《つく》られたという説《せつ》や、約《やく》1万年前《まんねんまえ》に太平洋《たいへいよう》に沈《しず》んだムー大陸《たいりく》（→P208）で信仰《しんこう》されていた神《かみ》に似《に》せて作《つく》られたという説《せつ》などがある。

モアイ像《ぞう》が作《つく》られた山《やま》ラノ・ララク。

島《しま》を歩《ある》き回《まわ》る石《いし》の巨《きょ》人《じん》たち

第3章
古代《こだい》エジプトの呪《のろ》いがよみがえった!?
オオ
見《み》つけたぞ
エジプト 王家《おうけ》の谷《たに》
これが王家《おうけ》のツタンカーメンの墓《はか》
ワッ
グググ
パカ
やったなカーター!!
世紀《せいき》の大発見《だいはっけん》だ
ワアアアアッ
発掘後《はっくつご》…
なんだって!?

原因不明《げんいんふめい》の病死《びょうし》らしい
そんな!!
また発掘《はっくつ》メンバーが死《し》んだ…!?
なぜなんだ
発掘《はっくつ》メンバーだけじゃない！その家族《かぞく》や関係者《かんけいしゃ》も合《あ》わせると20人以上《にんいじょう》だ
そんなっ
きっとツタンカーメンの墓《はか》を暴《あば》いたせいだ これは呪《のろ》いだ
呪《のろ》い!?
まさか…本当《ほんとう》にツタンカーメンの呪《のろ》いなのか!?
それなら
次《つぎ》は自分《じぶん》の番《ばん》なのか!?

ツタンカーメンの呪い《つたんかーめんののろい》

エジプトの王家《おうけ》の谷《たに》と呼《よ》ばれる場所《ばしょ》には、古代《こだい》エジプトの王《おう》たちがねむる巨大《きょだい》な墓《はか》がある。ツタンカーメンの呪《のろ》いとは、ツタンカーメン王《おう》の墓《はか》を発掘《はっくつ》した関係者《かんけいしゃ》に呪《のろ》いがふりかかったという、おそろしい現象《げんしょう》だ。ツタンカーメンの墓《はか》は、1922年《ねん》、考古学者《こうこがくしゃ》のカーターによって発見《はっけん》された。その後《ご》、墓《はか》を開《あ》ける作業《さぎょう》に関《かか》わっていた人《ひと》などが次々《つぎつぎ》に亡《な》くなってしまう。1930年《ねん》までの間《あいだ》に、22人《にん》もの関係者《かんけいしゃ》が命《いのち》を落《お》としたという。

古代《こだい》エジプトの墓《はか》は、どろぼうをふせぐために、呪《のろ》いが刻《きざ》まれていることがあることから、世間《せけん》では「ツタンカーメンの呪《のろ》いで死《し》んだにちがいない」というウワサが広《ひろ》まったという。

研究《けんきゅう》報告書《ほうこくしょ》

本当《ほんとう》に呪《のろ》いが原因《げんいん》だったのか？

墓《はか》を開《あ》けた関係者《かんけいしゃ》が死《し》んだ直接《ちょくせつ》の原因《げんいん》は、それぞれ高熱《こうねつ》や心臓発作《しんぞうほっさ》や事故《じこ》などさまざまだが、本当《ほんとう》に王《おう》の呪《のろ》いによるものなのだろうか。呪《のろ》い以外《いがい》の説《せつ》として、墓《はか》の中《なか》に古代《こだい》の病原菌《びょうげんきん》があった、古代《こだい》エジプト人《じん》がしかけた毒《どく》による、などと主張《しゅちょう》する人《ひと》もいる。いずれにせよ決定的《けっていてき》な証拠《しょうこ》はなく、ウワサにすぎないため、真実《しんじつ》はなぞのままである。

ツタンカーメン王《おう》の黄金のマスク。

ツタンカーメン王《おう》の呪《のろ》いが原因《げんいん》か

DATA

危険度《きけんど》

タイプ：異常 王

場所《ばしょ》：エジプト

墓《はか》をあばいた者《もの》たちに訪《おとず》れた死

墓《はか》を開《あ》けた関係者《かんけいしゃ》が亡《な》くなった

墓《はか》には呪《のろ》いの言葉《ことば》が刻《きざ》まれていた

キミの周《まわ》りで起《お》きたら？

呪《のろ》われた場所《ばしょ》をあばいてはいけない

近《ちか》づいたり、中《なか》に入《はい》ると呪《のろ》われるというウワサのある場所《ばしょ》は、日本《にほん》にもある。そのような場所《ばしょ》に勝手《かって》に立《た》ち入《い》らないようにしよう。

フィラデルフィア実験《ふぃらでるふぃあじっけん》

軍《ぐん》が行《おこな》った おそるべき科《か》学《がく》実《じっ》験《けん》

1943年《ねん》にアメリカのフィラデルフィアという場所《ばしょ》で行《おこな》われた実験《じっけん》が、フィラデルフィア実験《じっけん》だ。この実験《じっけん》の目的《もくてき》は新《あら》たな戦争兵器《せんそうへいき》を作《つく》ることで、船全体《ふねぜんたい》を強力《きょうりょく》な磁場《じば》で包《つつ》みこみ、敵《てき》のレーダーから見《み》えなくするというものだった。ところが、実験《じっけん》が始《はじ》まると船《ふね》は2500キロはなれた地点《ちてん》に瞬間移動《しゅんかんいどう》した。数分後《すうふんご》にもどってきたが、船内《せんない》はひさんな状態《じょうたい》になっていた。かべにめりこんだ者《もの》、焼《や》けた者《もの》、氷《こおり》づけになった者《もの》、消《き》えた者《もの》、体《からだ》がたがいにめりこみくっついた者《もの》……。乗組員《のりくみいん》16名《めい》が異常《いじょう》な死《し》をとげたそうだ。

予想外《よそうがい》の結果《けっか》に、軍《ぐん》はこの実験《じっけん》を中止《ちゅうし》し、軍事機密《ぐんじきみつ》として実験《じっけん》の事実《じじつ》そのものを秘密《ひみつ》にしたという。

DATA

危険度《きけんど》

こわさ レア度《ど》

タイプ 異常

場所《ばしょ》 アメリカ

研究報告書《けんきゅうほうこくしょ》

実験《じっけん》は今《いま》も続《つづ》いている!?

フィラデルフィア実験《じっけん》は、アメリカの天才科学者《てんさいかがくしゃ》ニコラ・テスラの研究《けんきゅう》がもとになっていたと言《い》われているが、1941年《ねん》の実験《じっけん》の失敗《しっぱい》によりテスラは計画《けいかく》から外《はず》され、のちに自宅《じたく》で死亡《しぼう》しているところが発見《はっけん》された。彼《かれ》の研究資《けんきゅうし》料《りょう》がFBI《エフビーアイ》に押収《おうしゅう》されたという情報《じょうほう》もあり、テスラの研究《けんきゅう》は、軍《ぐん》や政府《せいふ》により今《いま》もひそかに続《つづ》けられ、おそるべき兵器《へいき》が次々《つぎつぎ》と作《つく》られているのではないかというウワサもある。

実験《じっけん》に使用《しよう》されたとされる軍艦《ぐんかん》エルドリッジ。

キミの周《まわ》りで起《お》きたら？

秘《ひ》密《みつ》は知《し》りすぎないほうがいい

真相《しんそう》をあばいた人物《じんぶつ》が殺《ころ》されたというウワサもある。命《いのち》をかける覚《かく》
悟《ご》がなければ、実験《じっけん》について深《ふか》く知《し》りすぎないほうがいいだろう。

第3章

涙を流すマリア像《なみだをながすまりあぞう》

絵《え》や像《ぞう》の目《め》から
涙《なみだ》が流《なか》れる

危険《きけん》を伝《つた》えようと
している？

絵《え》や像《ぞう》が涙《なみだ》を流《なが》す！

成分《せいぶん》は人間《にんげん》の体液《たいえき》と同《おな》じ

DATA

場所《ばしょ》

世界中《せかいじゅう》

タイプ

異常

危険度《きけんど》

＼キミの周《まわ》りで起《お》きたら？／

聖《せい》なる絵画《かいが》や像《ぞう》に祈《いの》りをささげよう

この現象《げんしょう》は古《ふる》くから多《おお》くの人々《ひとびと》に目撃《もくげき》され、奇跡《きせき》として信《しん》じられている。お告《つ》げがあるかもしれないので、静《しず》かに祈《いの》りをささげよう。

キリストや聖母《せいぼ》マリアの描《えが》かれた聖《せい》なる絵画《かいが》や像《ぞう》が、涙《なみだ》や血《ち》を流《なが》すという怪奇現象《かいきげんしょう》がある。この現象《げんしょう》はアメリカやロシアなど世界各地《せかいかくち》で起《お》こっている。

日本《にほん》でも起《お》きており、特《とく》に有名《ゆうめい》なのが、秋田県《あきたけん》のカトリック教会《きょうかい》にあるマリア像《ぞう》だ。このマリア像《ぞう》は、1975年《ねん》1月《がつ》から1981年《ねん》9月《がつ》にかけて、計《けい》101回《かい》も涙《なみだ》を流《なが》したという。専門《せんもん》家《か》による鑑定《かんてい》の結果《けっか》、涙《なみだ》は人間《にんげん》の体液《たいえき》と同《おな》じだったそうだ。

絵画《かいが》や像《ぞう》が涙《なみだ》を流《なが》す原因《げんいん》はわかっていない。実《じつ》は、戦争《せんそう》や災害《さいがい》などが起《お》きたときにこの現象《げんしょう》が起《お》こりやすいという。奇跡《きせき》の力《ちから》で、キリストやマリアが人類《じんるい》に危険《きけん》がせまっていることを伝《つた》えようとしているのだろうか？

研究報告書《けんきゅうほうこくしょ》

マリア像《ぞう》は血《ち》を流《なが》すこともある

秋田《あきた》のマリア像《ぞう》は、涙《なみだ》を流《なが》す以外《いがい》にも、修道《しゅうどう》女《じょ》の手《て》に聖痕《せいこん》（神様《かみさま》がつけたとされる、十字《じゅうじ》架《か》の傷《きず》あと）をきざむ、お告《つ》げをするといった奇跡《きせき》も起《お》こしたという。また、涙《なみだ》ではなく血《ち》を流《なが》すマリア像《ぞう》の例《れい》もある。2012年《ねん》7月《がつ》、インドの教会《きょうかい》にあるマリア像《ぞう》の目《め》から、とつぜん大量《たいりょう》の血《ち》の涙《なみだ》があふれ出《で》て、台座《だいざ》に血《ち》だまりを作《つく》ったという。その血《ち》を調《しら》べたところ、人間《にんげん》の血液《けつえき》と同《おな》じ成分《せいぶん》だったそうだ。

涙《なみだ》を流《なが》したという秋《あき》田《た》県《けん》の聖母《せいぼ》マリア像《ぞう》。

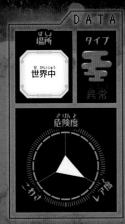

第3章

赤い雨《あかいあめ》

赤《あか》い色《いろ》の雨《あめ》が降《ふ》る

地《ち》球《きゅう》外《がい》生《せい》命《めい》体《たい》がふくまれた雨《あめ》？

とつぜん、血《ち》のような「赤《あか》い雨《あめ》」が降《ふ》ってくるという怪奇現象《かいきげんしょう》。

2001年《ねん》7月《がつ》から9月《がつ》にかけて、インド南部《なんぶ》のケーララ州《しゅう》で血《ち》のように真《ま》っ赤《か》な雨《あめ》が降《ふ》り注《そそ》いだ。当初《とうしょ》は、ちりや砂《すな》が雨《あめ》に混《ま》ざって赤《あか》く見《み》えたものと考《かんが》えられたが、ある博士《はかせ》が赤《あか》い雨《あめ》を調《しら》べたところ、なぞの赤《あか》い粒子《りゅうし》がふくまれていたことが判明《はんめい》。赤《あか》い粒子《りゅうし》はなんらかの「生物《せいぶつ》」であることが明《あき》らかになった。博士《はかせ》は、赤《あか》い雨《あめ》の正体《しょうたい》は、いん石《せき》の爆発《ばくはつ》にふくまれていたバクテリアの一種《いっしゅ》であり、地球外生命体《ちきゅうがいせいめいたい》だと発表《はっぴょう》した。

この雨《あめ》で体調《たいちょう》をくずした人《ひと》はいないが、落《お》ち葉《ば》に大《おお》きな穴《あな》が空《あ》くなど、なぞの現象《げんしょう》が起《お》きているという。

研究報告書《けんきゅうほうこくしょ》

ファフロツキーズ現象《げんしょう》のひとつ

古《ふる》くは1551年《ねん》、ポルトガルで赤《あか》い雨《あめ》が降《ふ》ったという記録《きろく》がある。近年《きんねん》では2012年《ねん》11月《がつ》から2013年《ねん》1月《がつ》にかけて、スリランカで赤《あか》い雨《あめ》が降《ふ》った。保健省《ほけんしょう》は、赤《あか》い雨《あめ》にミドリムシの一種《いっしゅ》が混《ま》じっていたと発表《はっぴょう》。このときは、赤《あか》だけでなく青《あお》や緑《みどり》、黒《くろ》などの色《いろ》の雨《あめ》も降《ふ》り注《そそ》いだという。赤《あか》い雨《あめ》は、ファフロツキーズ（→P134）という超常現象《ちょうじょうげんしょう》のひとつと考《かんが》えられているが、原因《げんいん》はよくわかっていない。

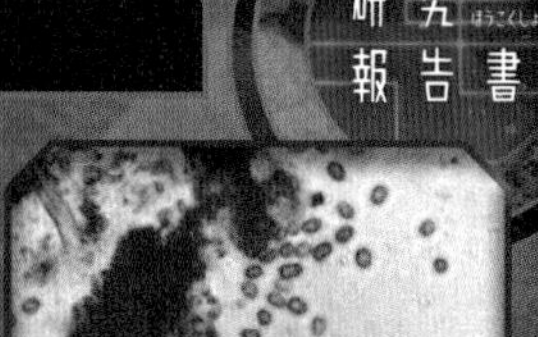

光学顕微鏡《こうがくけんびきょう》で見《み》た赤《あか》い雨《あめ》の粒子《りゅうし》。

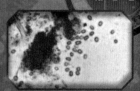

DATA

場所《ばしょ》

インド

タイプ

異常《いじょう》

危険度《きけんど》

こわさ

レア度《ど》

微生物《びせいぶつ》が
ふくまれている

地球外生命体《ちきゅうがいせいめいたい》の
可能性《かのうせい》も

キミの周《まわ》りで起《お》きたら？

**赤《あか》い雨《あめ》に
ぬれないほうがいい**

赤《あか》い雨《あめ》にふくまれる微生物《びせいぶつ》が、人体《じんたい》になんらかの影響《えいきょう》をあたえるかもしれない。雨《あめ》にぬれないよう、すぐに建物《たてもの》にかくれよう。

第3章
夢《ゆめ》に現《あらわ》れた
なぞの男《おとこ》の顔《かお》が・・・・・・・
グーッ
グーッ
ゴロ…
うーん
キョロ
キョロ
ザッ
わっ!
だれ…?
ザッ
ザッ
ザッ

え！
おれの見《み》た夢《ゆめ》にそっくりじゃん…
本当《ほんとう》に？
ちょっとその変《へん》な男《おとこ》紙《かみ》に描《か》いてみようぜ
おたがい相手《あいて》の絵《え》を見《み》ずに描《か》くんだよ！
確《たし》かここがこうで…
カリカリ
描《か》けた！
おれも！
じゃあせーので見《み》せ合《あ》うぞ！

第3章

夢の男《ゆめのおとこ》 This Man《でぃすまん》

全世界《ぜんせかい》の人々《ひとびと》の夢《ゆめ》の中《なか》に現《あらわ》れるなぞの男《おとこ》。2006年《ねん》、ニューヨークの病院《びょういん》に来《き》たふたりの患者《かんじゃ》が「会《あ》ったこともない男性《だんせい》が夢《ゆめ》に現《あらわ》れる」とうったえた。その男《おとこ》は太《ふと》いまゆ、大《おお》きな口《くち》、ギラつく目《め》が特《とく》ちょうだという。医者《いしゃ》がそれぞれの話《はなし》を聞《き》き、夢《ゆめ》の男《おとこ》の似顔絵《にがおえ》を作成《さくせい》すると、ふたりの夢《ゆめ》に現《あらわ》れる男《おとこ》は同《おな》じ人物《じんぶつ》であることがわかった。さらに、他《ほか》の4人《にん》の患者《かんじゃ》の夢《ゆめ》にもこの男《おとこ》が登場《とうじょう》していた。

おどろいた医者《いしゃ》は、調査《ちょうさ》のために男《おとこ》の似顔絵《にがおえ》をネットにのせたところ、男《おとこ》が夢《ゆめ》に現《あらわ》れたという人《ひと》が2000人以上《にんいじょう》も見《み》つかったという。人《ひと》に危害《きがい》を加《くわ》えるわけではないようだが、なぜこの男《おとこ》が夢《ゆめ》に現《あらわ》れるのかは不明《ふめい》だ。

夢《ゆめ》にしのびこむ なぞの男《おとこ》

太《ふと》いまゆ、大《おお》きな目《め》と口《くち》をもつ

男《おとこ》はドリーム・サーファーという能力者《のうりょくしゃ》か？

研究報告書《けんきゅうほうこくしょ》

夢《ゆめ》の男《おとこ》についての正体《しょうたい》は、いくつか仮説《かせつ》がある。神様《かみさま》だという説《せつ》、軍《ぐん》による秘密《ひみつ》の実験《じっけん》という説《せつ》、集団《しゅうだん》で催《さい》眠《みん》にかかっているのではないかという説《せつ》などだ。他《ほか》にも、男《おとこ》は実在《じつざい》している人物《じんぶつ》で、特別《とくべつ》な力《ちから》で世界中《せかいじゅう》の人《ひと》人《びと》の夢《ゆめ》をわたり歩《ある》いている「ドリーム・サーファー」ではないか、という説《せつ》もある。はたしてどの仮説《かせつ》が真《しん》実《じつ》に近《ちか》いのか？　夢《ゆめ》の男《おとこ》はただほほえむばかりで、真《しん》相《そう》は不明《ふめい》のままだ。

EVER DREAM THIS MAN?

Every night, all over the world, hundreds of people see this face in their dreams. If this man appears in your dreams too, or if you have any information that can help us identify him, please contact us.

www.thisman.org

これが夢《ゆめ》の男《おとこ》。「This《ディス》 Man《マン》」と呼《よ》ばれる。

DATA

場所《ばしょ》：夢《ゆめ》の中《なか》

タイプ：怪人《かいじん》

危険度《きけんど》

正体《しょうたい》も目的《もくてき》も不明《ふめい》

世界中《せかいじゅう》の人《ひと》の夢《ゆめ》に現《あらわ》れる

キミの周《まわ》りで起《お》きたら?!

もし夢《ゆめ》に現《あらわ》れても心配《しんぱい》しなくていい

夢《ゆめ》に男《おとこ》が現《あらわ》れたら気味《きみ》が悪《わる》いが、何《なに》かしてくるわけではないので安《あん》心《しん》しよう。「早《はや》く覚《さ》めろ」と強《つよ》く念《ねん》じると、夢《ゆめ》から覚《さ》めやすい。

第3章

呪いのイス《のろいのいす》

キミの周《まわ》りで起《お》きたら？

呪《のろ》いを発動《はつどう》させてはいけない

このイスのように、死《し》の呪《のろ》いがかかっているアイテムは世界中《せかいじゅう》にある。呪《のろ》いのアイテムをふざけてあつかうのはやめておこう……。

持《も》ち主《ぬし》はバズビーという人物《じんぶつ》

座《すわ》ると死んでしまうおそろしいイス

DATA

場所《ばしょ》

イギリス

タイプ

異物

危険度《きけんど》

座《すわ》ると呪《のろ》いで必《かなら》ず死《し》んでしまうという恐怖《きょうふ》のイス。イスの持《も》ち主《ぬし》は、1702年《ねん》に殺人《さつじん》の罪《つみ》で処刑《しょけい》されたトーマス・バズビー。バズビーはこのイスにだれかが座《すわ》ることをきらい、イスに呪《のろ》いをかけて死《し》んだと言《い》われている。

彼《かれ》の死後《しご》、イスは酒場《さかば》で使《つか》われるようになったが、呪《のろ》いを信《しん》じないで座《すわ》った人《ひと》は次々《つぎつぎ》と急死《きゅうし》したと言《い》われている。バズビーが死《し》んでから約《やく》300年《ねん》の間《あいだ》に、65名《めい》もの人間《にんげん》が、数日以内《すうじついない》に事故《じこ》や病気《びょうき》で死亡《しぼう》したというのだ。

現在《げんざい》、呪《のろ》いのイスはイギリスの博物《はくぶつ》館《かん》にあずけられ、イスに座《すわ》ることができないよう、天井《てんじょう》にぶら下《さ》げられている。イスの呪《のろ》いを解《と》く方法《ほうほう》は、だれにもわからない

研究報告書《けんきゅうほうこくしょ》

イスに宿《やど》るすさまじい呪《のろ》いの力《ちから》

ふざけてイスに座《すわ》った兵士《へいし》は全員戦死《ぜんいんせんし》、若《わか》いパイロットも数《すう》時間後《じかんご》に事故《じこ》で死《し》んだという。他《ほか》にも呪《のろ》いのイスで死《し》んだ人《ひと》について、地元《じもと》のニュースがいくつか報道《ほうどう》している。1990年《ねん》、記者《きしゃ》は2時間後《じかんご》にバスタブにぶつかって死亡《しぼう》。1992年《ねん》、家具修理工《かぐしゅうりこう》は1時間後《じかんご》に自動車事故《じどうしゃじこ》で死亡《しぼう》。1995年《ねん》、簿記《ぼき》の女性《じょせい》は30分以内《ぷんいない》にエレベーターから転落死《てんらくし》。2000年《ねん》、アメリカ人留学生《じんりゅうがくせい》も野犬《やけん》におそわれて死亡《しぼう》したという。

博物館《はくぶつかん》に展示《てんじ》されている呪《のろ》いのイス。

人体発火現象《じんたいはっかげんしょう》

人《ひと》の体《からだ》から放《はな》たれる原因不明《げんいんふめい》の炎《ほのお》

周《まわ》りに火《ひ》の気《け》がまったくないにもかかわらず、人間《にんげん》がいきなり燃《も》え出《だ》す現象《げんしょう》。人体発火現象《じんたいはっかげんしょう》の目撃情報《もくげきじょうほう》は世界各地《せかいかくち》にあり、恋人《こいびと》とダンスをしているときに急《きゅう》に体《からだ》から火《ひ》が出《で》て焼《や》け死《し》んでしまった女性《じょせい》や、部屋《へや》は燃《も》えていないのに、ねむっている間《あいだ》に体《からだ》だけ燃《も》えて死《し》んでしまった女性《じょせい》などがいる。いずれも近《ちか》くに火元《ひもと》はなく、出火《しゅっか》の原因《げんいん》は不明《ふめい》とされている。

一方《いっぽう》で、自《みずか》らの体内《たいない》から火《ひ》を発《はっ》し、操《あやつ》る能力者《のうりょくしゃ》もいる。この力《ちから》をパイロキネシスと呼《よ》ぶ。彼《かれ》らは物《もの》を見《み》るだけ、息《いき》をふきかけるだけで火《ひ》をつけることができるという。これらの発火現象《はっかげんしょう》は、ポルターガイスト（↓P70）の一種《いっしゅ》とする説《せつ》もある。

研究《けんきゅう》報告書《ほうこくしょ》

世界各地《せかいかくち》で発生《はっせい》する人体発火現象《じんたいはっかげんしょう》！

人体発火現象《じんたいはっかげんしょう》は世界各地《せかいかくち》で起《お》きている。この現象《げんしょう》が初《はじ》めて知《し》られたのは、1731年《ねん》。ある朝《あさ》、イタリアのバンディ夫人《ふじん》が足《あし》だけ残《のこ》して黒《くろ》こげの状態《じょうたい》でベッドで発見《はっけん》された。火元《ひもと》はなくベッドやシーツは燃《も》えていなかったという。1951年《ねん》、アメリカではリーザー夫人《ふじん》がスリッパをはいた足首《あしくび》を残《のこ》してアームチェアごと燃《も》えて亡《な》くなっていた。やはり火元《ひもと》はなく、他《ほか》には何《なに》も焼《や》けていなかったそうだ。

☞アメリカのリーザー夫人《ふじん》が亡《な》くなった現場《げんば》。

DATA

危険度《きけんど》

タイプ：異能

場所《ばしょ》：世界中《せかいじゅう》

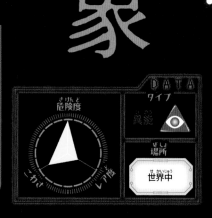

火《ひ》がないのに
炎《ほのお》があがる
周《まわ》りは燃《も》えず
本人《ほんにん》だけが燃《も》える
ポルターガイストの
一種《いっしゅ》かもしれない
キミの周《まわ》りで起《お》きたら？
火事《かじ》やヤケドに
気《き》をつけよう
発火能力《はっかのうりょく》は、とつぜん目覚《めざ》めるという。もし身《み》の回《まわ》りで急《きゅう》に火《ひ》があがる現象《げんしょう》が起《お》きた場合《ばあい》、火事《かじ》にならないように気《き》をつけよう。

第3章

小さいおじさん《ちいさいおじさん》

2000年代《ねんだい》から目撃《もくげき》されるようになった、体《からだ》がとても小《ちい》さなおじさんの怪人《かいじん》。身長《しんちょう》が8センチ～20センチほどしかなく、見《み》た目《め》はふつうのおじさんの姿《すがた》で、ジャージやスーツを着《き》ていることが多《おお》い。目撃場所《もくげきばしょ》はホテルの部屋《へや》、風呂場《ふろば》などさまざまで、ひとりのこともあれば何人《なんにん》かのおじさんが現《あらわ》れることもある。小《ちい》さいおじさんの目的《もくてき》は不明《ふめい》だが、人間《にんげん》を攻撃《こうげき》することはなく、目撃者《もくげきしゃ》と目《め》が合《あ》うとにげるというので、こわがりなのかもしれない。

その正体《しょうたい》は妖精《ようせい》のような存在《そんざい》だと言《い》われており、見《み》かけると幸運《こううん》がおとずれるという人《ひと》もいる。特《とく》に芸能人《げいのうじん》が目《もく》撃《げき》する例《れい》が多《おお》く、テレビなどで話《はな》されたことから全国的《ぜんこくてき》に広《ひろ》まった。

キミの周《まわ》りで起《お》きたら?

目《め》を合《あ》わせないように！

もしキミの部屋《へや》に小《ちい》さいおじさんが現《あらわ》れたときは、目《め》が合《あ》うとにげてしまうので、気《き》づかれないようにこっそり観察《かんさつ》してみよう。

DATA

場所《ばしょ》

部屋《へや》や風呂場《ふろば》など

タイプ

怪物

危険度《きけんど》

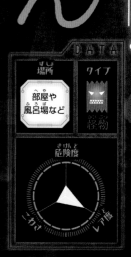

研究《けんきゅう》報告書《ほうこくしょ》

現代《げんだい》に合《あ》わせて生《い》きる妖精《ようせい》か

日本《にほん》のアイヌのコロポックルや、ヨーロッパのノームやドワーフ、ハワイのメネフネなど、小《ちい》さな人間《にんげん》の姿《すがた》をした妖怪《ようかい》や精霊《せいれい》の伝説《でんせつ》は昔《むかし》から世界中《せかいじゅう》にたくさんある。小《ちい》さいおじさんが現代版《げんだいばん》の妖精《ようせい》ならば、わたしたち人間《にんげん》と同《おな》じようにスーツやジャージを着《き》ていてもおかしくない。小《ちい》さいおじさんは東京《とうきょう》のとある神社《じんじゃ》に住《す》んでいるというウワサもあり、現代《げんだい》の世界《せかい》になじんで生活《せいかつ》しているのかもしれない。

古《ふる》い本《ほん》に描《えが》かれたドワーフの姿《すがた》。

幸《こう》運《うん》を呼《よ》ぶおじさんの妖《よう》精《せい》

見《み》た目《め》は
中年《ちゅうねん》のおじさん

呪《のろ》いが怪奇現象《かいきげんしょう》を引《ひ》き起《お》こす!?

「いわくつきのアイテム」とは何《なに》か？

超常怪奇現象《ちょうじょうかいきげんしょう》を引《ひ》き起《お》こすのは人間《にんげん》だけではない。この世《よ》には、不思議《ふしぎ》なパワーをもつアイテムもたくさんあるのだ。その一部《いちぶ》を紹介《しょうかい》しよう。

死《し》を呼《よ》ぶ呪《のろ》いのアイテム

持《も》っているだけで病気《びょうき》になったり、ケガをしたり、運《うん》が悪《わる》ければ死《し》んでしまったりするという伝説《でんせつ》をもつ物《もの》のことを、呪《のろ》いのアイテムと呼《よ》ぶ。美《うつく》しさで人々《ひとびと》をとりこにするが、持《も》ち主《ぬし》を不幸《ふこう》にしてしまう「呪《のろ》われたダイヤ（↓P112）」や、座《すわ》った人《ひと》が死《し》んでしまう「呪《のろ》いのイス（↓P164）」などだ。戦争《せんそう》のきっかけとなった暗殺事件《あんさつじけん》を引《ひ》き起《お》こしたとも言《い》われる、「死《し》のベンツ」と呼《よ》ばれる車《くるま》も存在《そんざい》する。

不幸《ふこう》をおそれた人《ひと》が、売《う》ったり捨《す》てたりするので、どんどん持《も》ち主《ぬし》を変《か》える。そして呪《のろ》いにかかる人《ひと》を増《ふ》やしてしまい、伝説《でんせつ》となっていくのである。そのため、最後《さいご》は博物館《はくぶつかん》などに収《おさ》められることが多《おお》い。だれの物《もの》でもない状態《じょうたい》にするしか、呪《のろ》いを止《と》めることはできないのかもしれない。

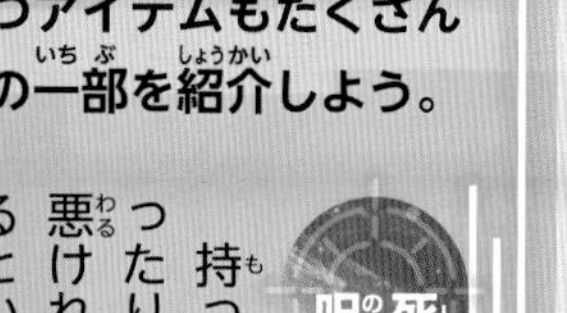

オーストリア大公《たいこう》が暗殺《あんさつ》されたときに乗《の》っていた、死《し》のベンツ。

命《いのち》を吹《ふ》きこまれた人形《にんぎょう》たち

まるで生命力《せいめいりょく》を与《あた》えられたかのような人形《にんぎょう》たちの存在《そんざい》も、いわくつきのアイテムを語《かた》るうえでは欠《か》かせないだろう。持《も》ち主《ぬし》の一家《いっか》をおそったアナベル人形《にんぎょう》（↓P106）は、悪霊《あくりょう》が宿《やど》った人形《にんぎょう》だとされている。魔術師《まじゅつし》がかけた呪《のろ》いによって持《も》ち主《ぬし》を殺《ころ》そうとしたロバート人形《にんぎょう》など、人形《にんぎょう》が超《ちょう》

これまでに報告《ほうこく》された「いわくつきのアイテム」

死《し》のベンツ

持《も》ち主《ぬし》を不幸《ふこう》にする車《くるま》。最初《さいしょ》の持《も》ち主《ぬし》は、車《くるま》に乗《の》っているときに暗殺《あんさつ》された。その後《ご》も、持《も》ち主《ぬし》が病気《びょうき》になったり、交通事故《こうつうじこ》を起《お》こしたりしたという。

3回見《かいみ》たら死《し》ぬ絵《え》

ポーランドの画家《がか》が描《えが》いた絵《え》。荒野《こうや》にあるイスに人間《にんげん》の首《くび》が置《お》かれている不気味《ぶきみ》な絵《え》だったせいか、この絵《え》を3回見《かいみ》ると呪《のろ》われて死《し》ぬというウワサがある。

火事《かじ》を呼《よ》ぶ絵《え》

泣《な》いている少年《しょうねん》が描《えが》かれており、当時《とうじ》たくさん印刷《いんさつ》された人気《にんき》の絵《え》。この絵《え》をかざった家《いえ》は火事《かじ》になり、絵《え》だけ燃《も》えずに残《のこ》るというウワサが広《ひろ》まった。

お菊人形《きくにんぎょう》

髪《かみ》の毛《け》がのびる人形《にんぎょう》。おかっぱ頭《あたま》の人形《にんぎょう》だったが、持《も》ち主《ぬし》だった少女《しょうじょ》が亡《な》くなってしまう。その後《ご》、なぜか人形《にんぎょう》の髪《かみ》がのびるようになったという。

ロバート人形《にんぎょう》

持《も》ち主《ぬし》を殺《ころ》そうとした人形《にんぎょう》。ロバートとは人形《にんぎょう》の持《も》ち主《ぬし》の少年《しょうねん》の名前《なまえ》だ。ロバートに人形《にんぎょう》をプレゼントした魔術師《まじゅつし》が、死《し》の呪《のろ》いをかけたと言《い》われている。

ピリ・レイスの地図《ちず》

ピリ・レイスという人物《じんぶつ》が、1513年《ねん》に作《つく》った古《ふる》い地図《ちず》。その時代《じだい》には発見《はっけん》されていなかったはずの南極大陸《なんきょくたいりく》が描《えが》かれている。オーパーツの一種《いっしゅ》とされる。

アンティキティラの歯車《はぐるま》

ギリシアのアンティキティラ島《とう》で発見《はっけん》された、天体《てんたい》の動《うご》きを計算《けいさん》する機械《きかい》の歯車《はぐるま》。2000年以《ねんい》上前《じょうまえ》の機械《きかい》だが、当時《とうじ》ではありえない正確《せいかく》な計算機《けいさんき》だという。

さびない鉄柱《てっちゅう》

インドにある古《ふる》い鉄柱《てっちゅう》。1600年《ねん》もの間《あいだ》、雨《あめ》や風《かぜ》にさらされる場所《ばしょ》に立《た》っているが、まったくさびていない。特別《とくべつ》な金属《きんぞく》でできているからだと言《い》われている。

アイテムを生《う》み出《だ》したのはだれだ!?

常現象《じょうげんしょう》を起《お》こす原因《げんいん》はひとつではないようだ。

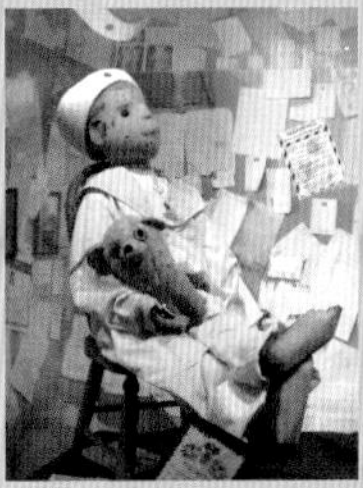

呪《のろ》いのかかったロバート人形《にんぎょう》。現在《げんざい》は博物館《はくぶつかん》でおとなしくしている。

日本《にほん》にもお菊人形《きくにんぎょう》を呼《よ》ばれる有名《ゆうめい》ないわくつきの人形《にんぎょう》がある。持《も》ち主《ぬし》だった菊子《きくこ》という少女《しょうじょ》が亡《な》くなってから、髪《かみ》がのびるようになったという。現在《げんざい》は、北海道《ほっかいどう》のお寺《てら》で大切《たいせつ》に保管《ほかん》されている。

なぞ多《おお》きアイテム「オーパーツ」

古《ふる》い時代《じだい》に作《つく》られたのに、その時代《じだい》にはなかったはずの高《たか》い技術《ぎじゅつ》が使《つか》われているアイテムが「オーパーツ」だ。本物《ほんもの》の頭《ず》がい骨《こつ》と同《おな》じような仕上《しあ》がりの「水晶《すいしょう》ドクロ（↓P52）」もオーパーツのひとつだ。他《ほか》にも、天体《てんたい》の動《うご》きを計算《けいさん》できる機械《きかい》「アンティキティラの歯車《はぐるま》」や、未発見《みはっけん》だった大陸《たいりく》が描《えが》かれた「ピリ・レイスの地図《ちず》」など世界各地《せかいかくち》で発見《はっけん》されている。

古代《こだい》には現代《げんだい》の社会《しゃかい》よりもすぐれた文明《ぶんめい》があったのか、はたまた高度《こうど》な技術《ぎじゅつ》をもった異星人《いせいじん》によるものなのか、なぞは深《ふか》まるばかりだ。

ギリシアのアンティキティラ島《とう》で発見《はっけん》された、歯車式《はぐるましき》の天球儀《てんきゅうぎ》。

超常怪奇人物伝《ちょうじょうかいきじんぶつでん》

錬《れん》金《きん》術《じゅつ》師《し》ディッペル

ドイツのディッペルという人物《じんぶつ》が、錬金術《れんきんじゅつ》で動《うご》く人造人間《じんぞうにんげん》を作《つく》ろうとしたという伝説《でんせつ》がある。ディッペルは夜《よ》な夜《よ》な死体《したい》を集《あつ》め、実験《じっけん》はフランケンシュタイン城《じょう》という城《しろ》の奥《おく》でひそかに行《おこな》われたと言《い》われている。

死体《したい》から人造人間《じんぞうにんげん》を製造《せいぞう》!?

フランケンシュタイン城《じょう》に住《す》み着《つ》いた錬金術師《れんきんじゅつし》

ドイツ南西部《なんせいぶ》のダルムシュタットという町《まち》から5キロほど南《みなみ》にはなれた場《ば》所《しょ》に、フランケンシュタイン城《じょう》という城《しろ》がある。３００年《ねん》ほどの古《ふる》い歴史《れきし》をもつ城《しろ》で、フランケンシュタイン家《け》の持《も》ち物《もの》だったが、１６００年代《ねんだい》になると当主《とうしゅ》が次々《つぎつぎ》に亡《な》くなった。

フランケンシュタイン家《け》がとだえたあと、どのような理由《りゆう》かは不明《ふめい》だが、この城《しろ》をついだのがドイツ人《じん》のヨハン・コンラート・ディッペルという人《じん》物《ぶつ》だ。彼《かれ》は、錬金術師《れんきんじゅつし》だった。

錬金術《れんきんじゅつ》とは、鉄《てつ》や鉛《なまり》などの安《やす》い金属《きんぞく》を、科学《かがく》の力《ちから》で高価《こうか》な金《きん》に変《か》えようとする術《じゅつ》のことだ。錬金術師《れんきんじゅつし》の中《なか》には、錬金術《れんきんじゅつ》を応用《おうよう》すれば金《きん》だけでなく、自《みず》らの手《て》で「完全《かんぜん》なる生命体《せいめいたい》」を作《つく》り出《だ》すことができるのではないかと考《かんが》える人《ひと》たちがいた。１４９３年《ねん》にスイスで生《う》まれたパラケルススという錬金術師《れんきんじゅつし》は、錬金術《れんきんじゅつ》を使《つか》って人造人間《じんぞうにんげん》（→Ｐ１４０）を生《う》み出《だ》すことに成功《せいこう》した人物《じんぶつ》だと言《い》われている。

ディッペルもまた、錬金術《れんきんじゅつ》を応用《おうよう》して人造人間《じんぞうにんげん》を生《う》み出《だ》そうと考《かんが》えた。ただし、パラケルススはフラスコの中《なか》で生命体《せいめいたい》を生《う》み出《だ》そうとしたのに対《たい》して、ディッペルは、人間《にんげん》の死体《したい》に魂《たましい》を吹《ふ》きこもうとしたのである。

夜《よ》な夜《よ》な死体《したい》を集《あつ》めに出《で》かけて……

「新鮮《しんせん》な死体《したい》をつなぎ合《あ》わせれば、人《じん》

造《ぞう》人間《にんげん》が作《つく》れるのではないか？」

ディッペルはそう思《おも》い、城《しろ》の奥《おく》できみょうな実験《じっけん》を始《はじ》めた。夜《よる》になると墓《はか》場《ば》などから人間《にんげん》の死体《したい》をぬすんできて、死体《したい》と死体《したい》を組《く》み合《あ》わせる手術《しゅじゅつ》を行《おこな》って、その体《からだ》に命《いのち》を吹《ふ》きこもうとする実《じっ》験《けん》を行《おこな》うようになったのだ。

こうしてあやしい実験《じっけん》をくり返《かえ》したことがウワサになり、やがてディッペルはつかまり、１７３４年《ねん》に処刑《しょけい》されてしまった。実験《じっけん》ははたして成功《せいこう》したのかどうかは伝《つた》わっていない。ちなみに、残《のこ》されたフランケンシュタイン城《じょう》には、今《いま》もディッペルの霊《れい》が現《あらわ》れるという都市伝説《としでんせつ》もある。

このディッペルをモデルにして、メアリー・シェリーという女性《じょせい》が書《か》いた小説《しょうせつ》が『フランケンシュタイン』だ。小説《しょうせつ》では、ヴィクター・フランケンシュタインという科学者《かがくしゃ》の学生《がくせい》が、墓《はか》をあばいて人間《にんげん》の死体《したい》を集《あつ》め、体《からだ》をつなぎ合《あ》わせて人造人間《じんぞうにんげん》を作《つく》ろうとした。ヴィクターは人造人間《じんぞうにんげん》に命《いのち》を吹《ふ》きこむことに成功《せいこう》したが、完成《かんせい》した人造人間《じんぞうにんげん》があまりにみにくい怪物《かいぶつ》だったため、にげ出《だ》してしまった。怪物《かいぶつ》はなげき悲《かな》しみ、自分《じぶん》をこの世《よ》に生《う》み出《だ》したヴィクターに復《ふく》しゅうしようとする物語《ものがたり》になっている。

日本《にほん》でも人造《じんぞう》人間《にんげん》を作《つく》ろうとした人《ひと》がいた

実《じつ》は日本《にほん》でも、人造人間《じんぞうにんげん》を作《つく》ろうとした人物《じんぶつ》がいた。平安時代末期《へいあんじだいまっき》の、西《さい》行《ぎょう》というお坊《ぼう》さんである。

西行《さいぎょう》は野原《のはら》で人骨《じんこつ》を拾《ひろ》って人《ひと》の形《かたち》に並《なら》べ、魂《たましい》を呼《よ》ぶ「反魂《はんごん》の術《じゅつ》」を行《おこな》ったという。しかし西行《さいぎょう》は術《じゅつ》の一部《いちぶ》をまちがえたため、完成《かんせい》した人造人間《じんぞうにんげん》は顔《かお》色《いろ》が悪《わる》く、声《こえ》もきたなく、心《こころ》をもたない化《ば》け物《もの》になってしまった。化《ば》け物《もの》を作《つく》ってしまったことをおそれた西行《さいぎょう》は、人造人間《じんぞうにんげん》を人《ひと》のいない場所《ばしょ》に捨《す》ててしまったと伝《つた》えられている。

第《だい》4章《しょう》

異《い》次《じ》元《げん》の扉《とびら》

とつぜん姿《すがた》を消《け》してしまった人々《ひとびと》
いるはずのない場所《ばしょ》に存在《そんざい》する何《なに》か

彼《かれ》らはどこへ消《き》えたのか？
ここではない世界《せかい》と

つながってしまったのか？
すべての理由《りゆう》は闇《やみ》に消《き》え
消《き》えた人々《ひとびと》は
もどってこない……

A認定《にんてい》！

「異次元《いじげん》」のはざまがそこにある限《かぎ》り
ふたたびだれかを
飲《の》みこんでしまうだろう……

第4章 時《とき》を超《こ》えてやってきた時間旅行者《じかんりょこうしゃ》

2000年《ねん》
ん？ なんだ この掲示板《けいじばん》
ムー
2038年《ねん》の未来《みらい》からやってきたジョン・タイター
おもしろそう
カチッ
どうして来《き》たんだろう？
ゴゴゴ
第三次世界大戦《だいさんじせかいたいせん》が起《お》こり 荒《あ》れた未来《みらい》から来《き》た
2038年《ねん》からやってきた ジョン・タイター
世界《せかい》を修復《しゅうふく》しなければ…
解決《かいけつ》の糸口《いとぐち》を見《み》つけねば
おっ タイムマシンの資料《しりょう》もある！
ゴゴゴ

な、なんだか
すごい…
タイムマシンの設計図《せっけいず》
C204型《がた》重力《じゅうりょく》歪曲《わいきょく》時間《じかん》転移《てんい》装置《そうち》
この装置《そうち》を乗用車《じょうようしゃ》に設置《せっち》して
タイムトラベルをする
タイムトラベルの方法《ほうほう》
① 行《い》きたい年月日《ねんがっぴ》時刻《じこく》の座標《ざひょう》を入力《にゅうりょく》する
1998
0000
② 重力場《じゅうりょくば》が生《う》まれエレベーターのような上昇感《じょうしょうかん》を感《かん》じる
③ 装置《そうち》が加速《かそく》すると紫外線《しがいせん》が爆発的《ばくはつてき》に出《で》るためサングラスが必要《ひつよう》となる
④ 周囲《しゅうい》がだんだん暗《くら》くなり完全《かんぜん》なる暗闇《くらやみ》となる
⑤ 景色《けしき》が元《もと》にもどりタイムトラベルが完了《かんりょう》する
う〜んまだ
信《しん》じられないなぁ
予言《よげん》もどうなのかな
でも気《き》になる
第二次《だいにじ》
湾岸戦争勃発《わんがんせんそうぼっぱつ》
中国《ちゅうごく》の宇宙進出《うちゅうしんしゅつ》
新《しん》ローマ教皇《きょうこう》
誕生《たんじょう》
狂牛病《きょうぎゅうびょう》の出現《しゅつげん》
4か月後《げつご》…

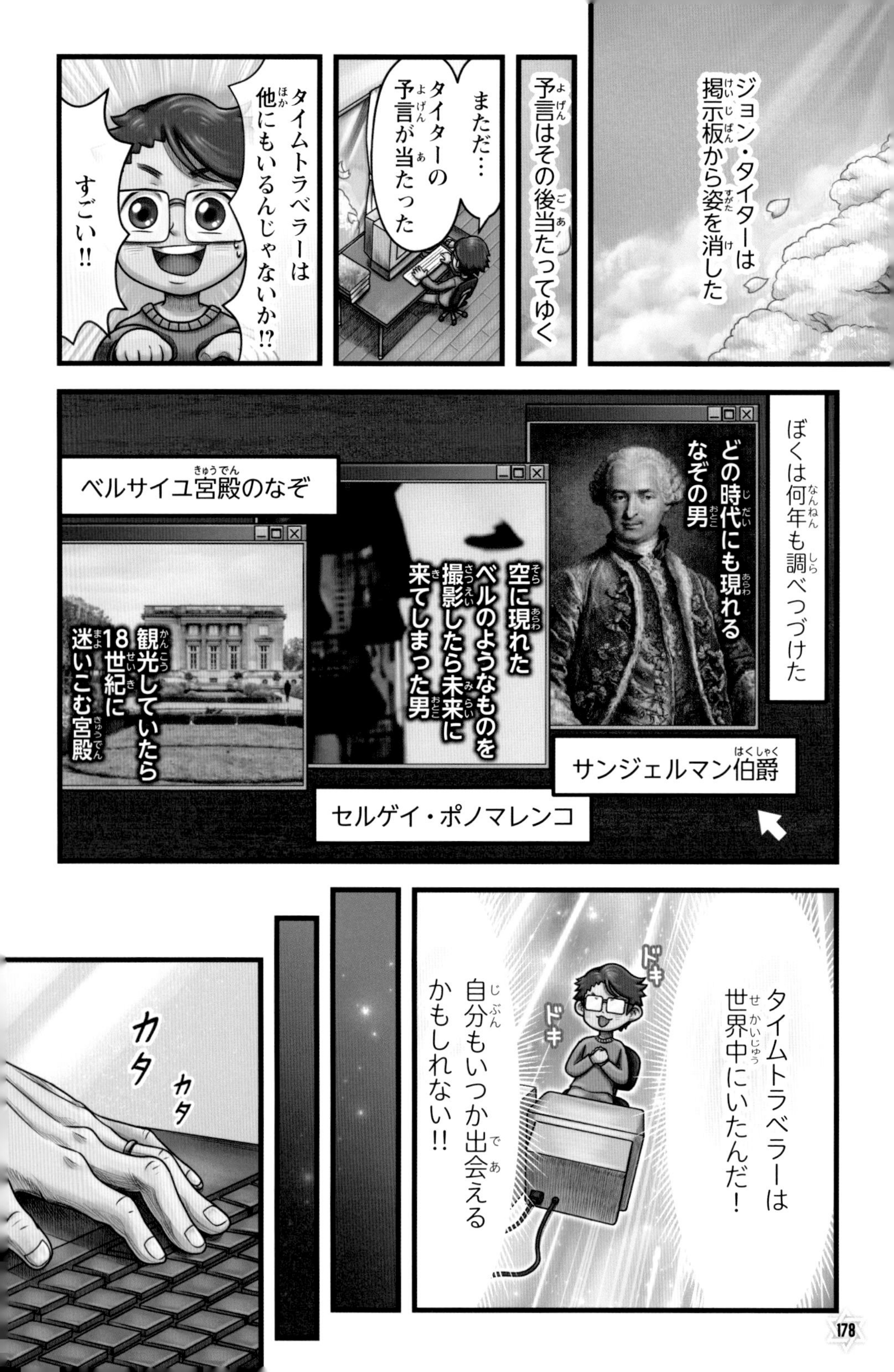
ジョン・タイターは
掲示板《けいじばん》から姿《すがた》を消《け》した
予言《よげん》はその後《ご》当《あ》たってゆく
まただ…
タイターの予言《よげん》が当《あ》たった
タイムトラベラーは他《ほか》にもいるんじゃないか!?
すごい!!
ぼくは何年《なんねん》も調《しら》べつづけた
どの時代《じだい》にも現《あらわ》れるなぞの男《おとこ》
サンジェルマン伯爵《はくしゃく》
空《そら》に現《あらわ》れたベルのようなものを撮影《さつえい》したら未来《みらい》に来《き》てしまった男《おとこ》
セルゲイ・ポノマレンコ
ベルサイユ宮殿《きゅうでん》のなぞ
観光《かんこう》していたら18世紀《せいき》に迷《まよ》いこむ宮殿《きゅうでん》
タイムトラベラーは世界中《せかいじゅう》にいたんだ!
ドキ
ドキ
自分《じぶん》もいつか出会《であ》えるかもしれない!!
カタ
カタ

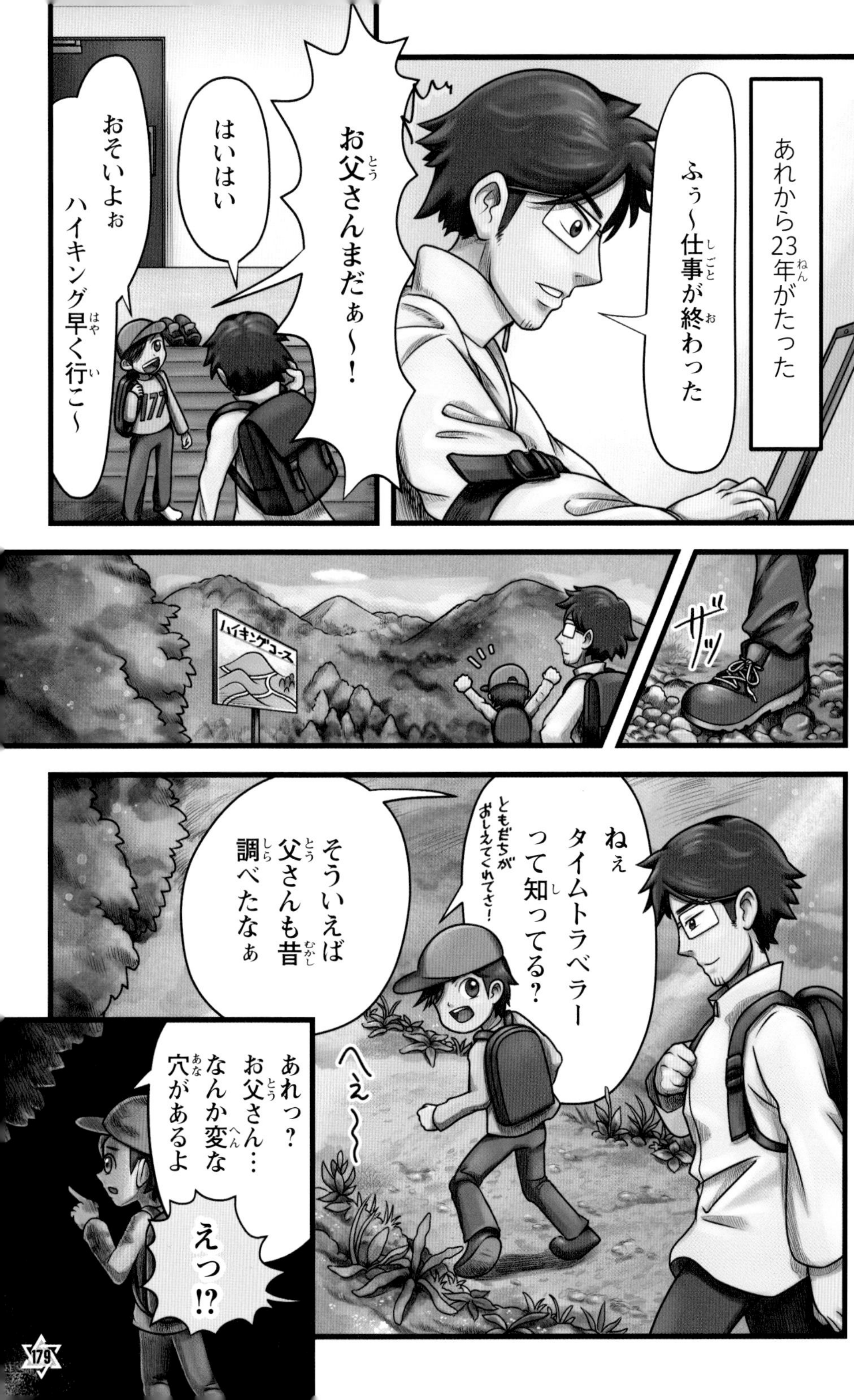
あれから23年《ねん》がたった
ふぅ〜仕事《しごと》が終《お》わった
お父《とう》さんまだぁ〜！
はいはい
おそいよぉ ハイキング早《はや》く行《い》こ〜
ザッ
ハイキングコース
ねぇ タイムトラベラーって知《し》ってる？
ともだちがおしえてくれてさ！
そういえば父《とう》さんも昔《むかし》調《しら》べたなぁ
へぇ〜〜
あれっ？お父《とう》さん…なんか変《へん》な穴《あな》があるよ
えっ!?

第4章

タイムトラベラー《たいむとらべらー》

時空《じくう》を旅《たび》する 時間旅行者《じかんりょこうしゃ》

過去《かこ》や未来《みらい》から、時空《じくう》を超《こ》えてやってくる時間旅行者《じかんりょこうしゃ》。それがタイムトラベラーだ。SF《エスエフ》のような話《ばなし》だが、実《じつ》は世界各地《せかいかくち》で目撃《もくげき》されている。

有名《ゆうめい》なタイムトラベラーといえば、2000年《ねん》にとつじょ現《あらわ》れたジョン・タイターだ。タイターはアメリカのインターネット掲示板《けいじばん》に現《あらわ》れ、「2036年《ねん》からきた未来人《みらいじん》だ」と名乗《なの》った。そして戦争《せんそう》や病気《びょうき》などの予言《よげん》を行《おこな》い、多《おお》くが的中《てきちゅう》したのである。タイターは自分《じぶん》が乗《の》ってきたタイムマシンの設計《せっけい》図《ず》を公開《こうかい》したり、質問《しつもん》に答《こた》えたりするなど、現代人《げんだいじん》と積極的《せっきょくてき》に交流《こうりゅう》した。そして2001年《ねん》3月《がつ》、タイターは「予《よ》定《てい》の任務《にんむ》を終了《しゅうりょう》した」と書《か》き残《のこ》し、インターネットから姿《すがた》を消《け》した。

研究報告書《けんきゅうほうこくしょ》

タイムトラベラーらしき人物《じんぶつ》たち

写真《しゃしん》や映画《えいが》に、タイムトラベラーが記録《きろく》されていたこともある。1940年《ねん》、カナダの橋《はし》を撮影《さつえい》した写真《しゃしん》には、コンパクトカメラのようなものを手《て》にしている男性《だんせい》が写《うつ》っていた。また、1928年《ねん》に公開《こうかい》された『サーカス』というチャップリンの映画《えいが》には、携帯電話《けいたいでんわ》で会話《かいわ》をしながら歩《ある》いている老《ろう》婦人《ふじん》が映《うつ》っていた。どちらもその時代《じだい》には存在《そんざい》しないものだ。持《も》ち主《ぬし》はやはりタイムトラベラーだろうか。

カナダの橋《はし》で撮影《さつえい》されたカメラのようなものを持《も》っている男《おとこ》。

過去《かこ》や未来《みらい》から来《く》る
予言《よげん》を残《のこ》すことがある
タイムマシンで移動《いどう》？
キミの周《まわ》りで起《お》きたら？
インターネットに現《あらわ》れることが多《おお》い
タイムトラベラーは、タイターのようにネットの掲示板《けいじばん》に現《あらわ》れることが多《おお》いようだ。積極的《せっきょくてき》に質問《しつもん》して未来《みらい》の出来事《できごと》を聞《き》き出《だ》そう。

虚舟

うつろぶね

江戸時代《えどじだい》に流《なが》れついた円形《えんけい》の舟《ふね》

UFO《ユーフォー》かもしれない？

江戸時代《えどじだい》に流《なが》れ着《つ》いたなぞの舟《ふね》

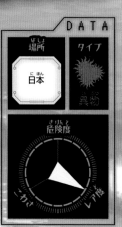

DATA

場所《ばしょ》：日本《にほん》

タイプ：異物

危険度《きけんど》

こわさ

レア度《ど》

1803年《ねん》3月《がつ》24日《か》、現在《げんざい》の茨城県《いばらきけん》あたりの海岸《かいがん》に流《なが》れ着《つ》いたという、円形《えんけい》のなぞの舟《ふね》。舟《ふね》には、不思議《ふしぎ》な服《ふく》をまとい箱《はこ》をかかえた女性《じょせい》がひとりで乗《の》っていた。女性《じょせい》の髪《かみ》の毛《け》とまゆは赤《あか》っぽく、顔《かお》はピンク色《いろ》で、言葉《ことば》は通《つう》じなかった。舟《ふね》の中《なか》には見《み》たこともない文《も》字《じ》があちこちに書《か》かれていた。こわくなった発見者《はっけんしゃ》は、女性《じょせい》を舟《ふね》に乗《の》せ、舟《ふね》ごと海《うみ》にもどしてしまったという。のちに舟《ふね》は「虚舟《うつろぶね》」と名《な》づけられ、この事件《じけん》は古《ふる》い書物《しょもつ》に記録《きろく》された。

虚舟《うつろぶね》はその後《ご》、ふたたび流《なが》れつくことはなかった。虚舟《うつろぶね》はなんだったのか。女性《じょせい》は何者《なにもの》だったのか。虚舟《うつろぶね》と女性《じょせい》の正体《しょうたい》をめぐり、今《いま》もさまざまな議論《ぎろん》が交《か》わされている。

きみょうな女性《じょせい》が乗《の》っていた

研究報告書《けんきゅうほうこくしょ》

虚舟《うつろぶね》は宇宙人《うちゅうじん》が乗《の》るUFO《ユーフォー》だった？

虚舟《うつろぶね》を記録《きろく》した文書《ぶんしょ》によれば、虚舟《うつろぶね》の姿形《すがたかたち》は「お香《こう》を入《い》れるための器《うつわ》のように丸《まる》い形《かたち》」で「上半分《うえはんぶん》にはガラスがはめこまれた障子《しょうじ》」があったという。文書《ぶんしょ》にそえられたイラストを見《み》ても、現代《げんだい》のUFO《ユーフォー》と似《に》ている。そのため、乗《の》っていた女性《じょせい》は宇宙人《うちゅうじん》ではないかという説《せつ》がある。その他《ほか》にも、タイムトラベル中《ちゅう》の未《み》来人《らいじん》ではないか、外国人《がいこくじん》の女性《じょせい》が流《なが》れ着《つ》いたのではないかなど、さまざまな説《せつ》がある。

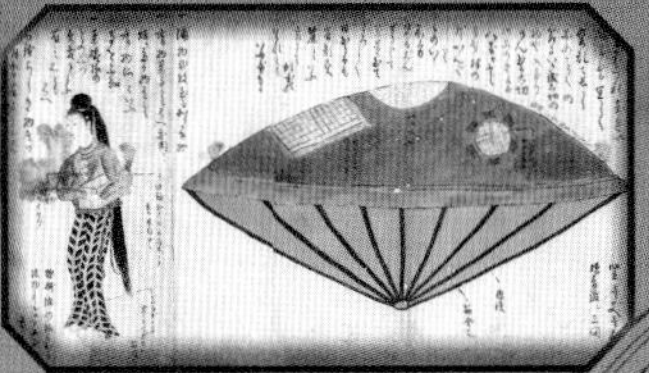

茨城県《いばらきけん》あたりの海岸《かいがん》に流《なが》れ着《つ》いた虚舟《うつろぶね》と女《じょ》性《せい》。

キミの周《まわ》りで起《お》きたら？

虚舟《うつろぶね》に乗《の》る女性《じょせい》と仲《なか》よくなろう

もし虚舟《うつろぶね》がUFO《ユーフォー》なら、また日本《にほん》にくることがあるかもしれない。もし女性《じょせい》が乗《の》っていたら海《うみ》に流《なが》さず、優《やさ》しく接《せっ》してみよう。

妖精《ようせい》

DATA

危険度《きけんど》

こわさ

レア度《ど》

タイプ

怪物

場所《ばしょ》

世界中《せかいじゅう》

人間《にんげん》に似《に》た姿《すがた》をした小《ちい》さな生物《せいぶつ》。不思議《ふしぎ》な力《ちから》をもち、いたずら好《ず》きでおこりっぽく気《き》まぐれな性格《せいかく》だという。親切《しんせつ》にされたらお礼《れい》をするが、冷《つめ》たくされたら仕返《しかえ》しをすると言《い》われている。

妖精《ようせい》の種類《しゅるい》や性質《せいしつ》は、地域《ちいき》によってさまざまだ。たとえば、ドイツのコボルトは人《ひと》の家《いえ》に住《す》み、夜《よる》になると仕事《しごと》をやってくれる。アイルランドのバンシーは、その泣《な》き声《ごえ》が聞《き》こえるとだれかが死《し》ぬという。スコットランドのケルピーは、旅人《たびびと》を水中《すいちゅう》に引《ひ》きずりこんでしまう、こわい妖精《ようせい》だ。

妖精《ようせい》はもともと邪悪《じゃあく》な存在《そんざい》としておそれられていたが、物語《ものがたり》などの影響《えいきょう》から、しだいに善良《ぜんりょう》で美《うつく》しいイメージに変《か》わっていったという。

気《き》まぐれでいたずら好《ず》き

古《ふる》くから目撃《もくげき》される小《ちい》さな生物《せいぶつ》

研究《けんきゅう》報告書《ほうこくしょ》

妖精《ようせい》がいるという証拠《しょうこ》はたくさんある

妖精《ようせい》は昔《むかし》から目撃《もくげき》され、写真《しゃしん》や映像《えいぞう》にも残《のこ》っている。1917年《ねん》、イギリスのコティングリー村《むら》に住《す》むふたりの少女《しょうじょ》が、妖精《ようせい》を見《み》つけて５枚《まい》の写真《しゃしん》を撮《と》った。この写真《しゃしん》をめぐってイギリス中《じゅう》で議論《ぎろん》が起《お》こり、「コティングリー妖精事件《ようせいじけん》」として大《おお》きな話題《わだい》になった。1983年《ねん》、撮影者《さつえいしゃ》の姉妹《しまい》が写真《しゃしん》はうそだったと打《う》ち明《あ》けたが、「５枚《まい》のうち最後《さいご》に撮影《さつえい》した１枚《まい》だけは本物《ほんもの》だった」という言葉《ことば》を残《のこ》している。

少女《しょうじょ》たちが、死《し》ぬまで本物《ほんもの》だと言《い》いつづけた妖精《ようせい》の写真《しゃしん》。

キミの周《まわ》りで起《お》きたら？
四《よ》つ葉《ば》のクローバーを
頭《あたま》にのせよう
四《よ》つ葉《ば》のクローバーを頭《あたま》にのせれば妖精《ようせい》が見《み》えるという言《い》い伝《つた》えがある。もし妖精《ようせい》を遠《とお》ざけたければ、鉄《てつ》やくさった水《みず》を戸口《とぐち》に置《お》こう。
人間《にんげん》に似《に》た姿《すがた》をしている
不思議《ふしぎ》な力《ちから》をもつ

デスタウン《ですたうん》

死《し》ぬ直前《ちょくぜん》の人《ひと》が迷《まよ》いこむ死《し》の町《まち》

あの世《よ》とこの世《よ》の境目《さかいめ》にある

きりが深《ふか》い町《まち》

この世《よ》とあの世《よ》のあいだにあるという不思議《ふしぎ》な町《まち》。町全体《まちぜんたい》が濃《こ》いきりに包《つつ》まれて、太陽《たいよう》の光《ひかり》はとどかない。「デスタウン」とは「死《し》の町《まち》」という意味《いみ》だが、死《し》んだ人《ひと》がたどりつく場所《ばしょ》ではなく、死《し》ぬ直前《ちょくぜん》の人《ひと》の魂《たましい》が迷《まよ》いこむ世界《せかい》のようだ。そのため、町《まち》の住人《じゅうにん》はまだ死《し》んでいるわけではない。

元気《げんき》な人間《にんげん》でも、インターネットを通《とお》してデスタウンのホームページにつながってしまうこともある。そのページを見《み》ただけで、体《からだ》はこの世界《せかい》に残《のこ》したまま、魂《たましい》だけデスタウンにもっていかれてしまうという。また、夢《ゆめ》を見《み》ているときにデスタウンに迷《まよ》いこんでしまい、そのまま帰《かえ》ってこないこともあるようだ。

研究《けんきゅう》報告書《ほうこくしょ》

臨死体験《りんしたいけん》で行《い》く世界《せかい》と似《に》ている？

死《し》にかけた人《ひと》が、あの世《よ》を見《み》てから、この世《よ》にもどってくることを「臨死体験《りんしたいけん》」という。臨死体験《りんしたいけん》をした人《ひと》によると、三途《さんず》の川《かわ》を見《み》た、トンネルやお花畑《はなばたけ》のような世界《せかい》を見《み》た、などが報告《ほうこく》されている。デスタウンの世界《せかい》と何《なに》かつながりがあるかもしれない。ただし、死《し》にかけてもいない人間《にんげん》が、インターネットや夢《ゆめ》を通《とお》して引《ひ》きずりこまれる例《れい》もあり、デスタウンに迷《まよ》いこむ条件《じょうけん》はよくわかっていない。

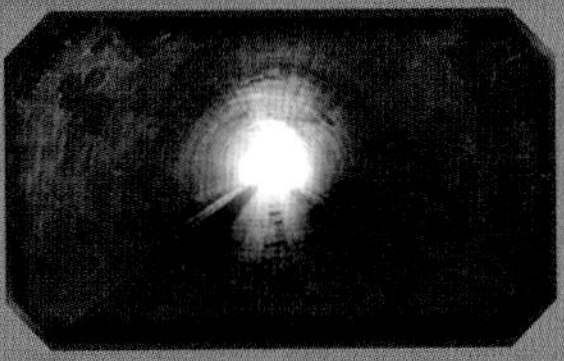

死《し》にかけた人《ひと》が見《み》るというトンネルのイメージ。デスタウンと関係《かんけい》があるのだろうか？

DATA

場所《ばしょ》：不明《ふめい》

タイプ：異常

危険度《きけんど》

こわさ　レア度

ネットや夢《ゆめ》からも行《い》ける

キミの周《まわ》りで起《お》きたら？

この世《よ》にもどりたいと強《つよ》く念《ねん》じよう！

もし、きりが深《ふか》く見《み》たこともない町《まち》で迷《まよ》ったら要注意《ようちゅうい》だ。知《し》っている人《ひと》を探《さが》すか、「元《もと》の世界《せかい》にもどりたい」と強《つよ》く念《ねん》じよう。

第4章 地球《ちきゅう》の内《うち》がわに何《なに》かがいる!?

あれ?
どうしたの?
見《み》て! 洞《どう》くつだ!
本当《ほんとう》だ! 地球《ちきゅう》の中心《ちゅうしん》まで続《つづ》いてるみたい
そういえば…!
こんな話《はなし》を聞《き》いたことがあるよ!
「地球空洞説《ちきゅうくうどうせつ》」と言《い》ってね 地球《ちきゅう》の中《なか》は実《じつ》はからっぽで
地底人《ちていじん》の住《す》む地底国《ちていこく》があるという伝説《でんせつ》なんだ
北極《ほっきょく》と南極《なんきょく》に主《おも》な入《い》り口《ぐち》があるらしい
北極《ほっきょく》
地底国《ちていこく》
地表《ちひょう》
南極《なんきょく》

ちょっと
のぞいてみよう
わあ！
ズルッ
わあ！
リサちゃん！
…わあああああ！
ドサッ
いてて
ここどこ？
穴《あな》に
落《お》ちたのに
明《あか》るい
出口《でぐち》
行《い》ってみよう！

第4章

地球空洞説《ちきゅうくうどうせつ》

地球空洞説《ちきゅうくうどうせつ》とは、地球《ちきゅう》の内部《ないぶ》はからっぽで、地底人《ちていじん》の住《す》む地底世界《ちていせかい》があるかもしれないとする説《せつ》だ。１６９２年《ねん》に天文学者《てんもんがくしゃ》の論文《ろんぶん》によって広《ひろ》まった説《せつ》だが、地下《ちか》に別世界《べっせかい》があるという話《はなし》は神話《しんわ》や伝説《でんせつ》に多《おお》く登場《とうじょう》している。

たとえば、中央《ちゅうおう》アジアの奥地《おくち》には、地底王国《ちていおうこく》アガルタに通《つう》じる道《みち》があるという。その首都《しゅと》シャンバラには高度《こうど》な知識《ちしき》をもつ者《もの》が暮《く》らしているそうだ。アメリカのシャスタ山《さん》にも、聖人《せいじん》の住《す》む地下世界《ちかせかい》へ通《つう》じる道《みち》があるという。

１９６７年《ねん》と１９６８年《ねん》には、アメリカの気象衛星《きしょうえいせい》により、北極《ほっきょく》や南極《なんきょく》にあるなぞの巨大《きょだい》な「穴《あな》」が撮影《さつえい》された。地底世界《ちていせかい》を見《み》たという人《ひと》の本《ほん》や、証拠《しょうこ》の写真《しゃしん》なども多《おお》い。

DATA

場所《ばしょ》：地球《ちきゅう》の内部《ないぶ》

タイプ：異常《いじょう》

危険度《きけんど》

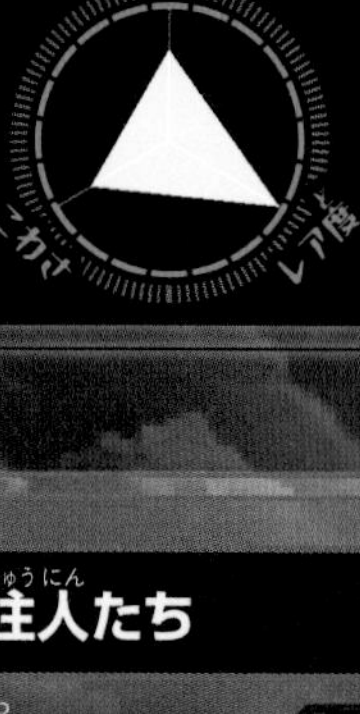

＼キミの周《まわ》りで起《お》きたら？／

地底人《ちていじん》と交流《こうりゅう》してみよう

地底世界《ちていせかい》に行《い》ったノルウェーの漁師《りょうし》（→P215）によると、地底人《ちていじん》は親切《しんせつ》だという。出会《であ》ったら声《こえ》をかけててもいいかもしれない。

研究《けんきゅう》報告書《ほうこくしょ》

地底世界《ちていせかい》に住《す》む住人《じゅうにん》たち

地底世界《ちていせかい》の生物《せいぶつ》については、さまざまな説《せつ》がささやかれている。高度《こうど》な文明《ぶんめい》を築《きず》いた古代生物《こだいせいぶつ》や古代人《こだいじん》が、地底《ちてい》で独自《どくじ》の進化《しんか》をとげたという説《せつ》や、宇宙人《うちゅうじん》や宇宙《うちゅう》生物《せいぶつ》がいるとする説《せつ》もある。1946年《ねん》ごろには、リチャード・バードというアメリカ海軍《かいぐん》の少将《しょうしょう》が、南極《なんきょく》を飛行中《ひこうちゅう》に地底世界《ちていせかい》に迷《まよ》いこみ、地底生物《ちていせいぶつ》を目撃《もくげき》している。バード少将《しょうしょう》によれば、緑《みどり》あふれる世界《せかい》にマンモスのような動物《どうぶつ》がいたとのことだ。

恐竜《きょうりゅう》が進化《しんか》した恐竜人《きょうりゅうじん》の想像《そうぞう》模型《もけい》。地底世界《ちていせかい》にいるかもしれない？

地《ち》球《きゅう》の内《ない》部《ぶ》には地《ち》底《てい》世《せ》界《かい》がある!?
地底人《ちていじん》が住《す》んでいる
地球《ちきゅう》の内部《ないぶ》はからっぽ
北極《ほっきょく》と南極《なんきょく》に入り《いり》口《ぐち》がある

下水道《げすいどう》にひそむ巨大《きょだい》な白《しろ》いワニ

下水道のワニ《げすいどうのわに》

アメリカのニューヨークの下水道《げすいどう》には、人食《ひとく》いワニが住《す》んでいるという。

1930年代《ねんだい》、ニューヨークではワニの赤《あか》ちゃんのペットがはやっていた。ところが成長《せいちょう》して大《おお》きくなりすぎたワニは、トイレに捨《す》てられてしまう。下《げ》水道《すいどう》に流《なが》れついたワニは、そこで子《こ》どもを生《う》み、数《かず》を増《ふ》やしていった。下《げ》水《すい》道《どう》は暗《くら》く太陽《たいよう》の光《ひかり》が当《あ》たらなかったので、ワニの体《からだ》はしだいに白《しろ》くなっていった。こうして下水道《げすいどう》に巨大《きょだい》な白《しろ》いワニがどんどん増《ふ》えていったという。

やがて、水道工事《すいどうこうじ》の人《ひと》などが下水道《げすいどう》でゆくえ不明《ふめい》になる事件《じけん》があいついで起《お》こった。犯人《はんにん》はワニたちで、下水道《げすいどう》で働《はたら》く人《ひと》をおそって食《た》べているのではないかとウワサされている。

研究《けんきゅう》報告書《ほうこくしょ》

下水道《げすいどう》にひそむ生《い》き物《もの》たち

1935年《ねん》には実際《じっさい》に下水道《げすいどう》でワニが目撃《もくげき》され、警察《けいさつ》に撃《う》ち殺《ころ》されたという事件《じけん》が起《お》きている。ニューヨークでは人食《ひとく》いワニをつかまえるために「白《しろ》ワニ捕獲隊《ほかくたい》」というチームがいて、下水道《げすいどう》を見回《みまわ》っているというウワサもある。イギリスでは、下水道《げすいどう》に野生《やせい》のブタやピラニアがいたという話《はなし》もあり、人間《にんげん》が気《き》づいていないだけで、暗《くら》い下水道《げすいどう》の奥《おく》には、いろいろな生《い》き物《もの》がひそんでいるのかもしれない。

☞実際《じっさい》にいる白《しろ》いワニ。下水道《げすいどう》の人《ひと》食《く》いワニはもっと巨大《きょだい》だという。

DATA

場所《ばしょ》：アメリカ

タイプ：怪物《かいぶつ》

危険度《きけんど》

キミの周《まわ》りで起《お》きたら？

音《おと》を立《た》てず
静《しず》かににげよう

下水道《げすいどう》に入《はい》るのは絶対《ぜったい》にさけるべきだが、もしワニにそうぐうしても、音《おと》を立《た》てず、静《しず》かにその場《ば》を去《さ》れば気《き》づかれずにすむだろう。

第4章

ボイニッチ手稿《ぼいにっちしゅこう》

解《かい》読《どく》できないなぞの古《こ》文《もん》書《じょ》

不思議《ふしぎ》な言葉《ことば》で書《か》かれたなぞの古文《こもん》書《じょ》が、ボイニッチ手稿《しゅこう》だ。1912年《ねん》にイタリアの寺院《じいん》で、アメリカ人《じん》のボイニッチが発見《はっけん》した。この古文書《こもんじょ》は、現代《げんだい》の言葉《ことば》とはまったく異《こと》なる文字《もじ》で書《か》かれているため読《よ》み解《と》くことができない。さらに、文章《ぶんしょう》とともに植物《しょくぶつ》や天《てん》体《たい》のように見《み》える奇妙《きみょう》な絵《え》が描《えが》かれている。15世紀《せいき》に作《つく》られたもので、全部《ぜんぶ》で240ページ以上《いじょう》もあり、左《ひだり》から右《みぎ》に読《よ》むということは判明《はんめい》しているが、いったいなんのために記《しる》されたのかはわかっていない。

これまでに数々《かずかず》の言語学者《げんごがくしゃ》や歴史家《れきしか》が手稿《しゅこう》の内容《ないよう》を読《よ》み解《と》こうと挑戦《ちょうせん》したが、失敗《しっぱい》している。もし内容《ないよう》を解読《かいどく》できれば大発見《だいはっけん》になるだろう。

DATA

場所《ばしょ》

イタリア

タイプ

異物

危険度《きけんど》

研究《けんきゅう》報告書《ほうこくしょ》

歴史的大発見《れきしてきだいはっけん》が秘《ひ》められているかもしれない!?

ボイニッチ手稿《しゅこう》の絵《え》には、顕微鏡《けんびきょう》の発明《はつめい》よりも早《はや》く植物《しょくぶつ》の根《ね》や茎《くき》の断面図《だんめんず》のようなものが描《えが》かれていたり、宇宙《うちゅう》にある銀河《ぎんが》や星雲《せいうん》らしきものもある。作者《さくしゃ》はいったい、どこからこれらの知識《ちしき》を得《え》たのだろうか？　解読《かいどく》されていない文字《もじ》にもものすごい大発見《だいはっけん》がかくされている可能性《かのうせい》がある。一部《いちぶ》では、ある錬金術《れんきんじゅつ》師《し》が作《つく》り上《あ》げたにせの古文書《こもんじょ》とする説《せつ》もあるが、真相《しんそう》ははっきりしていない。

ボイニッチ手稿《しゅこう》の一部《いちぶ》。植物《しょくぶつ》のような絵《え》が描《えが》かれている。

キミの周《まわ》りで起《お》きたら？

文字《もじ》のなぞを解《と》けるか!?

もしボイニッチ手稿《しゅこう》に興味《きょうみ》があるのなら、言語学《げんごがく》や歴史《れきし》の勉強《べんきょう》をしてみよう。最初《さいしょ》に解読《かいどく》するのはキミかもしれない!?

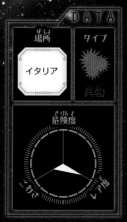

メン・イン・ブラック

めん・いん・ぶらっく

黒《くろ》づくめのなぞの男《おとこ》たち

メン・イン・ブラックとは日本語《にほんご》で「黒《くろ》い服《ふく》を着《き》た男《おとこ》たち」という意味《いみ》。黒《くろ》のスーツにネクタイとぼうし、サングラスを身《み》につけ、乗《の》っている車《くるま》も真《ま》っ黒《くろ》だという。彼《かれ》らの目的《もくてき》は、UFO《ユーフォー》（未確認飛行物体《みかくにんひこうぶったい》）や宇宙人《うちゅうじん》に関《かん》する情報《じょうほう》を公表《こうひょう》させないことだという。

目撃情報《もくげきじょうほう》によると、彼《かれ》らはふたりまたは3人組《にんぐみ》で行動《こうどう》する。UFO《ユーフォー》の研究《けんきゅう》者《しゃ》や目撃者《もくげきしゃ》の前《まえ》にどこからともなく現《あらわ》れ、研究《けんきゅう》や証言《しょうげん》をしないようせまり、棒読《ぼうよ》みのようなきみょうな話《はな》し方《かた》で、「これ以上調《いじょうしら》べるな」とおどしてくる。ときには、事故《じこ》や病気《びょうき》に見《み》せかけて殺《ころ》してしまうこともあるという。その正体《しょうたい》は異星人《いせいじん》、外国《がいこく》のスパイ、秘密組織《ひみつそしき》の人間《にんげん》など、さまざまな説《せつ》がある。

研究報告書《けんきゅうほうこくしょ》

UFO《ユーフォー》事件《じけん》の関係者《かんけいしゃ》による報告《ほうこく》

メン・イン・ブラックの存在《そんざい》が知《し》られるようになったのは、1953年《ねん》にアメリカで起《お》こった空《そら》から火《ひ》の玉《たま》が落《お》ちてきた事件《じけん》がきっかけだ。この事件《じけん》はＵＦＯ《ユーフォー》との関連《かんれん》がうたがわれたが、とつぜん調査《ちょうさ》が中止《ちゅうし》された。のちにこの事件《じけん》を調《しら》べていた関係者《かんけいしゃ》が出《だ》した本《ほん》によると、彼《かれ》の前《まえ》にメン・イン・ブラックが何度《なんど》も現《あらわ》れて、おどしてきたために、調査活動《ちょうさかつどう》をやめるしかなかったという。

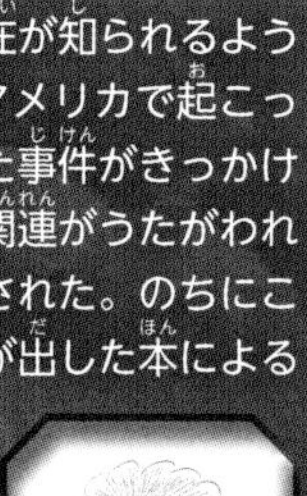

☞目撃者《もくげきしゃ》が描《えが》いたメン・イン・ブラックのスケッチ。

DATA

タイプ

怪人

場所《ばしょ》

世界中《せかいじゅう》

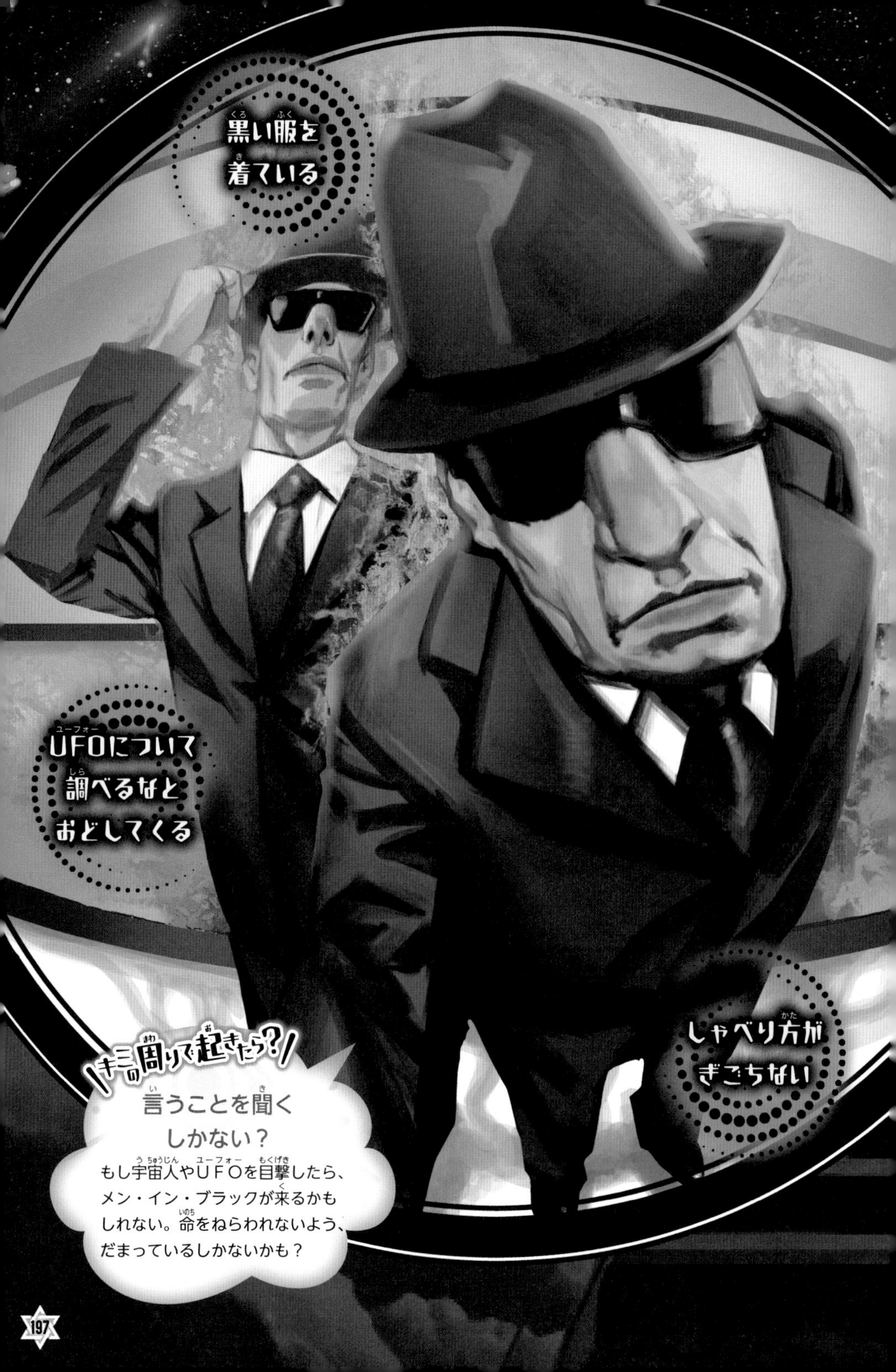
黒《くろ》い服《ふく》を
着《き》ている
UFO《ユーフォー》について
調《しら》べるなと
おどしてくる
しゃべり方《かた》が
ぎごちない

キミの周《まわ》りで起《お》きたら？

言《い》うことを聞《き》く
しかない？

もし宇宙人《うちゅうじん》やＵＦＯ《ユーフォー》を目撃《もくげき》したら、メン・イン・ブラックが来《く》るかもしれない。命《いのち》をねらわれないよう、だまっているしかないかも？

第4章
似《に》ているけど何《なに》かがちがう世界《せかい》
それぼくのだぞ!!
明日《あした》返《かえ》すわー
ちょっと借《か》りるだけだって
タタタッ
まだ読《よ》んでないから!
返《かえ》せってどろぼ…
ガラッ
シー…ン
え…?
…なんだろう
何《なに》も音《おと》がしなくなった
静《しず》かだ… みんなどこに行《い》った?

ん？
なんだこれ!?
!?
えっ
なに…なんだ
ここは…どこなんだ!?

第4章 異世界《いせかい》

どこかにある
別《べっ》世《せ》界《かい》

異《い》世《せ》界《かい》への
入《い》り口《ぐち》は
どこにでもある

DATA

場所《ばしょ》

不明《ふめい》

タイプ

異常

危険度《きけんど》

人《ひと》はとつぜん、「異世界《いせかい》」に迷《まよ》いこむことがあるという。異世界《いせかい》とは、今《いま》、暮《く》らしている世界《せかい》とまったく異《こと》なる別《べつ》世界《せかい》のこと。異次元《いじげん》ともいう。異世界《いせかい》では、看板《かんばん》の文字《もじ》が変《へん》だったり、自分《じぶん》以外《いがい》の人《ひと》の様子《ようす》がちがっていたりするそうだ。現実世界《げんじつせかい》と似《に》ているが、少《すこ》しだけちがう世界《せかい》は「パラレルワールド（並行世界《へいこうせかい》）」とも呼《よ》ばれる。

人《ひと》がとつぜん消《き》えてしまう事件《じけん》が世《せ》界各地《かいかくち》で起《お》きているが、消《き》えた人々《ひとびと》はぐうぜん異世界《いせかい》に行《い》ってしまったとする説《せつ》がある。だが、異世界《いせかい》への入《い》り口《ぐち》がいつどこで開《あ》くのかは、だれにもわからない。教室《きょうしつ》や家《いえ》のドアだと思《おも》って開《あ》けたとびらが、ぐうぜん異世界《いせかい》に続《つづ》いているかもしれないのだ。

わたしたちの世界《せかい》とはまったく異《こと》なる次元《じげん》

キミの周《まわ》りで起《お》きたら？

異世界《いせかい》おじさんを探《さが》そう

異世界《いせかい》には作業着《さぎょうぎ》かスーツを着《き》た「異世界《いせかい》おじさん」がいるという。元《もと》の世界《せかい》にもどれる方法《ほうほう》を教《おし》えてくれるそうなので探《さが》してみよう。

もどってこられるかは不明《ふめい》

研究報告書《けんきゅうほうこくしょ》

洞《どう》くつから異世界《いせかい》へ行《い》った作家《さっか》

ぐうぜん異世界《いせかい》へのとびらをくぐってしまった人々《ひとびと》は、数《かず》多《おお》く存在《そんざい》する。たとえば1914年《ねん》、アンブローズ・ビアスというアメリカの作家《さっか》は、メキシコの洞《どう》くつに入《はい》ったまま、二度《にど》と出《で》てくることはなかった。その洞《どう》くつは、入《はい》ったらすぐに行《い》き止《ど》まりになるほど短《みじか》いものだったにもかかわらず、だ。彼《かれ》は今《いま》も異世界《いせかい》にいて、こちらの世界《せかい》にもどる方《ほう》法《ほう》を探《さが》しているのかもしれない。

アンブローズ・ビアスの写真《しゃしん》。異世界《いせかい》へ行《い》ってしまった？

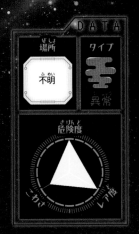

第4章

無人の船《むじんのふね》

乗《のり》組《くみ》員《いん》がどこかへ消《き》えてしまった船《ふね》

船《ふね》の中《なか》で人《ひと》が消《き》える

船《ふね》の中《なか》にいた人《ひと》が全員《ぜんいん》、どこかへ消《き》えてしまった事件《じけん》がある。マリー・セレスト号《ごう》という船《ふね》で起《お》きた出来事《できごと》だ。

1872年《ねん》12月《がつ》、マリー・セレスト号《ごう》は大西洋《たいせいよう》で漂流《ひょうりゅう》しているところを発《はっ》見《けん》された。発見者《はっけんしゃ》が船《ふね》を調《しら》べると、食《しょく》堂《どう》の朝食《ちょうしょく》からは湯《ゆ》気《げ》がたち、なべは火《ひ》にかけられ、赤《あか》ん坊《ぼう》の飲《の》みかけのミルクビンがあった。洗面所《せんめんじょ》では今《いま》までヒゲをそっていた形跡《けいせき》があり、船長室《せんちょうしつ》には「12月《がつ》4日《か》、わが妻《つま》マリーが」と書《か》きかけの日誌《にっし》があった。たった今《いま》まで人《ひと》がいたかのようなふんいきなのに、船《ふね》にはだれもいなかったという。

12月《がつ》4日《か》の朝《あさ》、船《ふね》に何《なに》が起《お》きたのか。そして乗組員《のりくみいん》たちはどこへ消《き》えてしまったのだろうか？

DATA

場所《ばしょ》: 大西洋《たいせいよう》

タイプ: 異常

危険度《きけんど》

こわさ

レア度

どこへ消《き》えたかは
不明《ふめい》

異世界《いせかい》に
行《い》ってしまった？

キミの周《まわ》りで起《お》きたら？

巻《ま》きこまれないことを
いのるしかない

人《ひと》がとつぜん消《き》えるという現象《げんしょう》はいつだれに起《お》こるかわからない。消《き》えてどうなるかも不明《ふめい》だ。巻《ま》きこまれないことをいのるだけだ。

研究報告書《けんきゅうほうこくしょ》

乗組員《のりくみいん》は神《かみ》かくしにあったのか？

乗組員《のりくみいん》は救命《きゅうめい》ボートで船《ふね》から脱出《だっしゅつ》したのだろうか。だが、救命《きゅうめい》ボート付近《ふきん》の手《て》すりにはなぞの血《ち》がついていたものの、救命《きゅうめい》ボートは使《つか》われていなかったという。この事件《じけん》は、乗組員《のりくみいん》が船《ふね》の中《なか》で神《かみ》かくしにあった説《せつ》、巨大生物《きょだいせいぶつ》におそわれた説《せつ》、異世界《いせかい》（→P198）に消《き》えた説《せつ》などさまざまな説《せつ》があるが、航海史上最大《こうかいしじょうさいだい》のなぞとして、今《いま》も語《かた》りつがれている。消《き》えてしまった乗組員《のりくみいん》は、いまだに見《み》つかっていない。

乗組員全員《のりくみいんぜんいん》が消《き》えてしまったマリー・セレスト号《ごう》。

見《み》ると死《し》ぬサイトにつながる広告《こうこく》

赤い部屋《あかいへや》

絶対《ぜったい》に消《き》えない広告《こうこく》

キミの周《まわ》りで起《お》きたら？

パソコンの電源《でんげん》を切《き》ろう

絶対《ぜったい》に消《き》えないポップアップ広告《こうこく》に出会《であ》ったら、呪《のろ》いをうたがったほうがいい。一度《いちど》パソコンの電源《でんげん》を切《き》ることをおすすめする。

DATA

場所《ばしょ》：インターネット

タイプ：異常

危険度《きけんど》

赤《あか》い部屋《へや》とは、インターネットに現《あらわ》れるなぞのポップアップ広告《こうこく》のこと。ポップアップ広告《こうこく》とは、ウェブページを開《ひら》いたときに自動的《じどうてき》に表示《ひょうじ》される広《こう》告《こく》のことだ。

このポップアップ広告《こうこく》は、真《ま》っ赤《か》な背景《はいけい》に黒《くろ》い文字《もじ》で「あなたは好《す》きですか？」と書《か》かれている。この広告《こうこく》は消《け》しても消《け》しても絶対《ぜったい》に消《き》えず、何度《なんど》も現《あらわ》れてくるという。しだいに「あなたは」と「好《す》きですか？」のあいだから文字《もじ》が現《あらわ》れて、「あなたは赤《あか》い部屋《へや》が好《す》きですか？」という文章《ぶんしょう》になったとたん、真《ま》っ赤《か》な背景《はいけい》に人《ひと》の名前《なまえ》が書《か》かれたページに強制的《きょうせいてき》に飛《と》ばされる。そしてこのページを見《み》た人《ひと》は、その場《ば》で死《し》ぬと言《い》われている。

赤《あか》い背景《はいけい》の
サイトに飛《と》ぶ
サイトを見《み》ると
死《し》ぬ
あなたは好きですか?

研究報告書《けんきゅうほうこくしょ》

「赤《あか》い部屋《へや》」と呼《よ》ばれる理由《りゆう》

赤《あか》い部屋《へや》のウワサは2000年《ねん》ごろに始《はじ》まった。もとはフィクション（作《つく》り話《ばなし》）とされていたが、インターネットで広《ひろ》まるにつれ、不思議《ふしぎ》な話《はなし》として広《ひろ》まっていったようだ。真《ま》っ赤《か》なサイトには、この広告《こうこく》を見《み》て死《し》んだ人《ひと》たちの名前《なまえ》が記《しる》されているという。また、このサイトを見《み》た人《ひと》は、必《かなら》ず血《ち》を流《なが》して死《し》ぬという。その人《ひと》の血《ち》で部屋中《へやじゅう》が真《ま》っ赤《か》にそまるために「赤《あか》い部屋《へや》」と呼《よ》ばれているようだ。

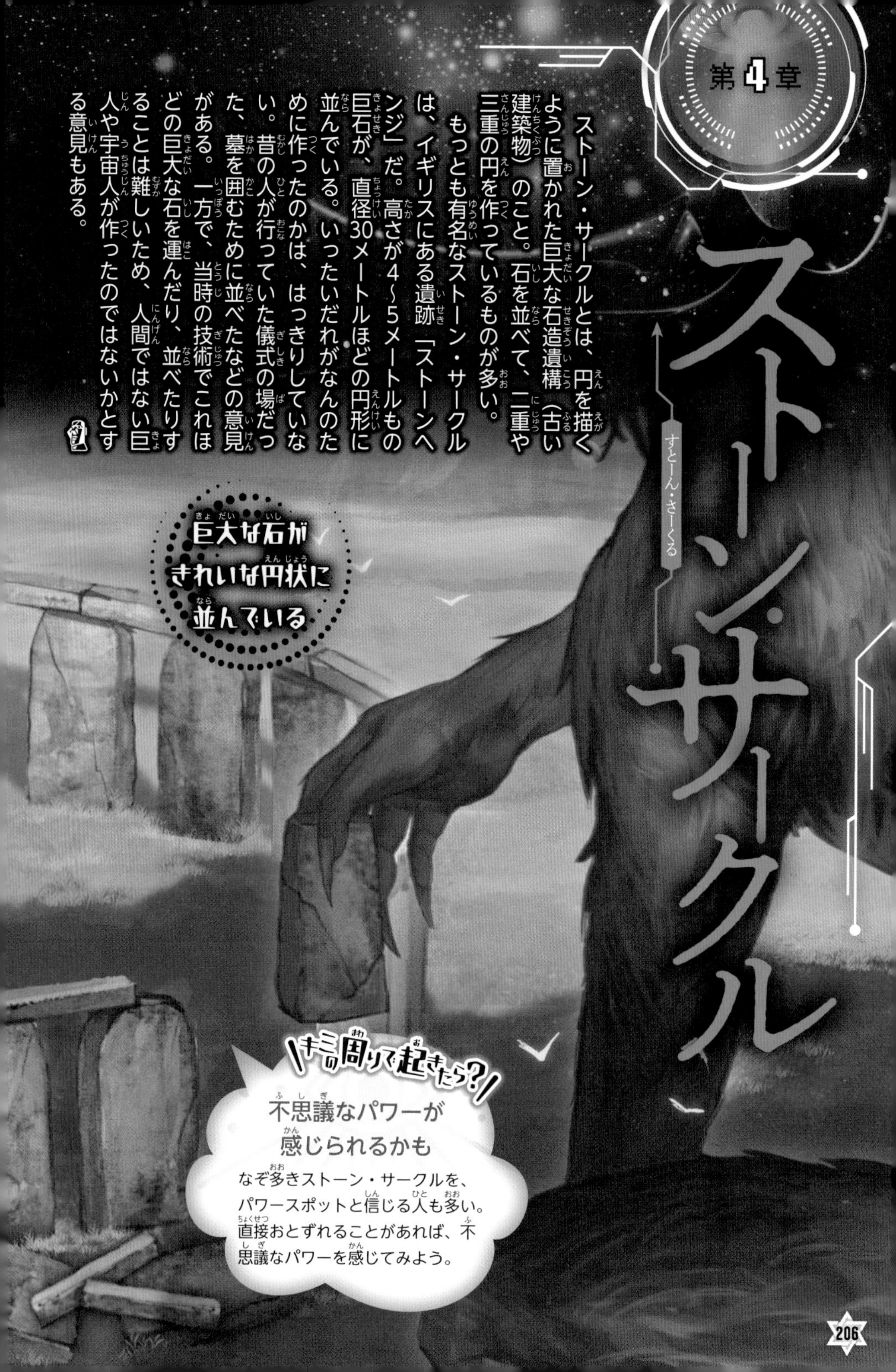

ストーン・サークル

すとーん・さーくる

ストーン・サークルとは、円《えん》を描《えが》くように置《お》かれた巨大《きょだい》な石造遺構《せきぞういこう》（古《ふる》い建築物《けんちくぶつ》）のこと。石《いし》を並《なら》べて、二重《にじゅう》や三重《さんじゅう》の円《えん》を作《つく》っているものが多《おお》い。

もっとも有名《ゆうめい》なストーン・サークルは、イギリスにある遺跡《いせき》「ストーンヘンジ」だ。高《たか》さが4〜5メートルもの巨石《きょせき》が、直径《ちょっけい》30メートルほどの円形《えんけい》に並《なら》んでいる。いったいだれがなんのために作《つく》ったのかは、はっきりしていない。昔《むかし》の人《ひと》が行《おこな》っていた儀式《ぎしき》の場《ば》だった、墓《はか》を囲《かこ》むために並《なら》べたなどの意見《いけん》がある。一方《いっぽう》で、当時《とうじ》の技術《ぎじゅつ》でこれほどの巨大《きょだい》な石《いし》を運《はこ》んだり、並《なら》べたりすることは難《むずか》しいため、人間《にんげん》ではない巨《きょ》人《じん》や宇宙人《うちゅうじん》が作《つく》ったのではないかとする意見《いけん》もある。

巨大《きょだい》な石《いし》がきれいな円状《えんじょう》に並《なら》んでいる

キミの周《まわ》りで起《お》きたら？

不思議《ふしぎ》なパワーが感《かん》じられるかも

なぞ多《おお》きストーン・サークルを、パワースポットと信《しん》じる人《ひと》も多《おお》い。直接《ちょくせつ》おとずれることがあれば、不《ふ》思議《しぎ》なパワーを感《かん》じてみよう。

宇宙人《うちゅうじん》が作《つく》ったかもしれない巨石《きょせき》でできた遺構《いこう》

研究《けんきゅう》報告書《ほうこくしょ》

世界中《せかいじゅう》で発見《はっけん》された巨石《きょせき》たち

ストーン・ヘンジには、いやしの効果《こうか》のある巨石《きょせき》を、魔術師《まじゅつし》が魔法《まほう》で運《はこ》んで今《いま》の形《かたち》に並《なら》べたとする伝説《でんせつ》もある。そのため、いやしを求《もと》めておとずれる人《ひと》もいたようだ。また、イギリス以外《いがい》にもフランスなどストーン・サークルは世界《せかい》のあらゆる場所《ばしょ》で発見《はっけん》されている。日本《にほん》では、北海道《ほっかいどう》の忍路《おしょろ》や秋田県《あきたけん》の大湯《おおゆ》、岩手県《いわてけん》の樺山《かばやま》にあるストーン・サークルが有名《ゆうめい》だ。いずれも縄文《じょうもん》時代《じだい》に作《つく》られたものだという。

☞イギリスにあるストーン・ヘンジ。

DATA

場所《ばしょ》：世界中《せかいじゅう》

タイプ：異物《いぶつ》

危険度《きけんど》（こわさ／レア度《ど》）

宇宙人《うちゅうじん》や巨人《きょじん》が作《つく》った？
古《ふる》いものは4000年以上《ねんいじょう》も前《まえ》にできた

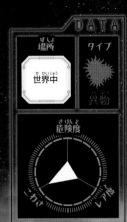

第4章 伝説《でんせつ》となった幻《まぼろし》の大陸《たいりく》

ムー大陸《たいりく》の遺跡《いせき》ぃ？この島《しま》にそんなものはナイヨ！
絶対《ぜったい》にあるはずなのに…！なぜ見《み》つからないのだ
何万年《なんまんねん》も前《まえ》の文明《ぶんめい》ですからね…
どんなに実在《じつざい》を否定《ひてい》されてもぼくは信《しん》じてる！
くくぅ
ムー大陸《たいりく》の超常的《ちょうじょうてき》な技術《ぎじゅつ》をよみがえらせれば不幸《ふこう》な人《ひと》を減《へ》らせるのに…
きっと見《み》つかりますよ！博士《はかせ》
ムー大陸《たいりく》は太平洋《たいへいよう》の中心《ちゅうしん》にあったとされている
6400万人《まんにん》もの古代人《こだいじん》が暮《く》らす楽園《らくえん》のような場所《ばしょ》だったそうだ
Asia
Oceano Pacifico
Nord America
Atlantide
Hawaii
MU
Marchesi
Ponape
Fiji
だが1万《まん》2000年前《ねんまえ》にとつぜん海《うみ》にしずんだという…
ザザー

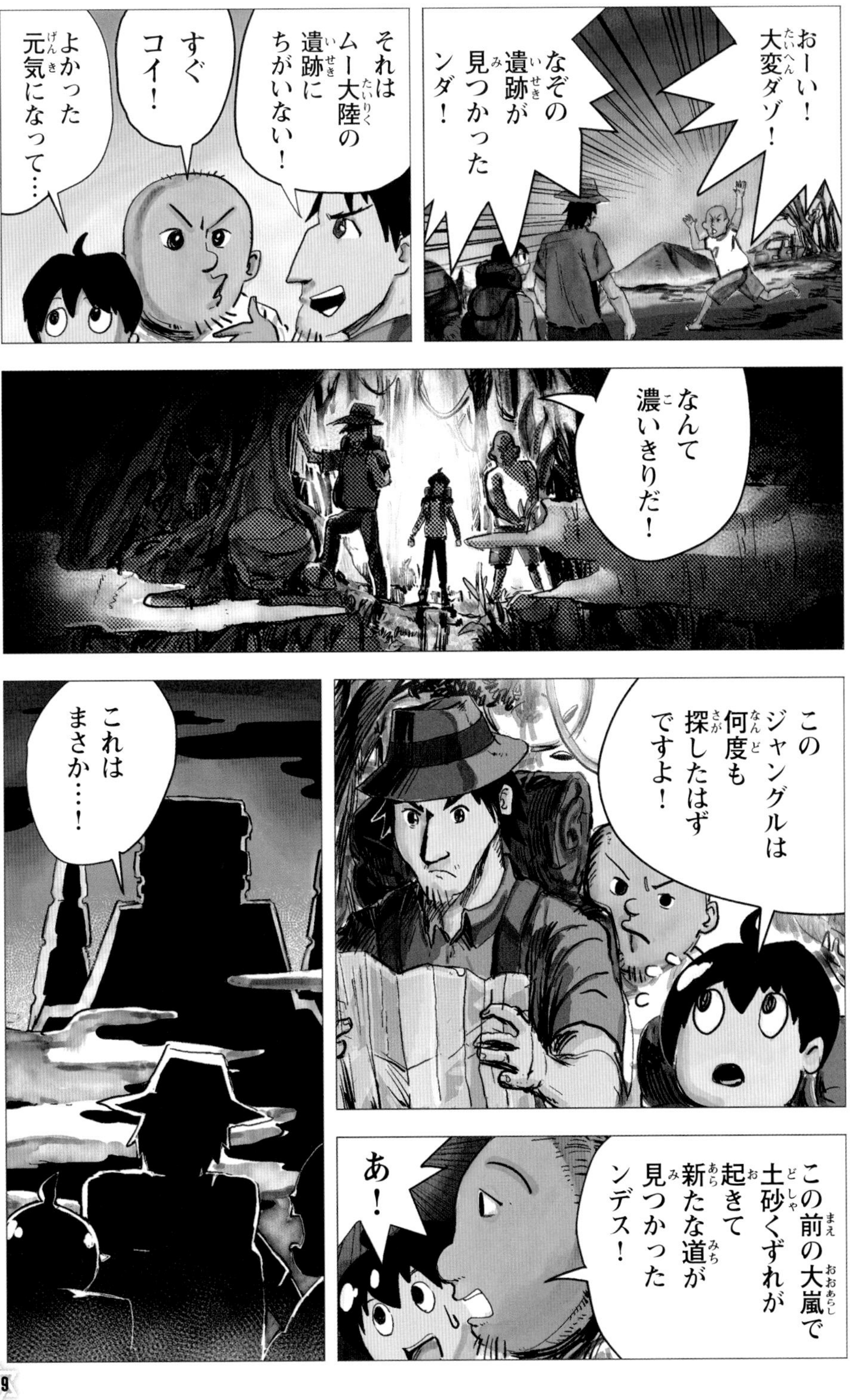
おーい！大変《たいへん》ダゾ！
なぞの遺跡《いせき》が見《み》つかったンダ！
それはムー大陸《たいりく》の遺跡《いせき》にちがいない！
すぐコイ！
よかった元気《げんき》になって……
なんて濃《こ》いきりだ！
このジャングルは何度《なんど》も探《さが》したはずですよ！
この前《まえ》の大嵐《おおあらし》で土砂《どしゃ》くずれが起《お》きて新《あら》たな道《みち》が見《み》つかったンデス！
あ！
これはまさか……！

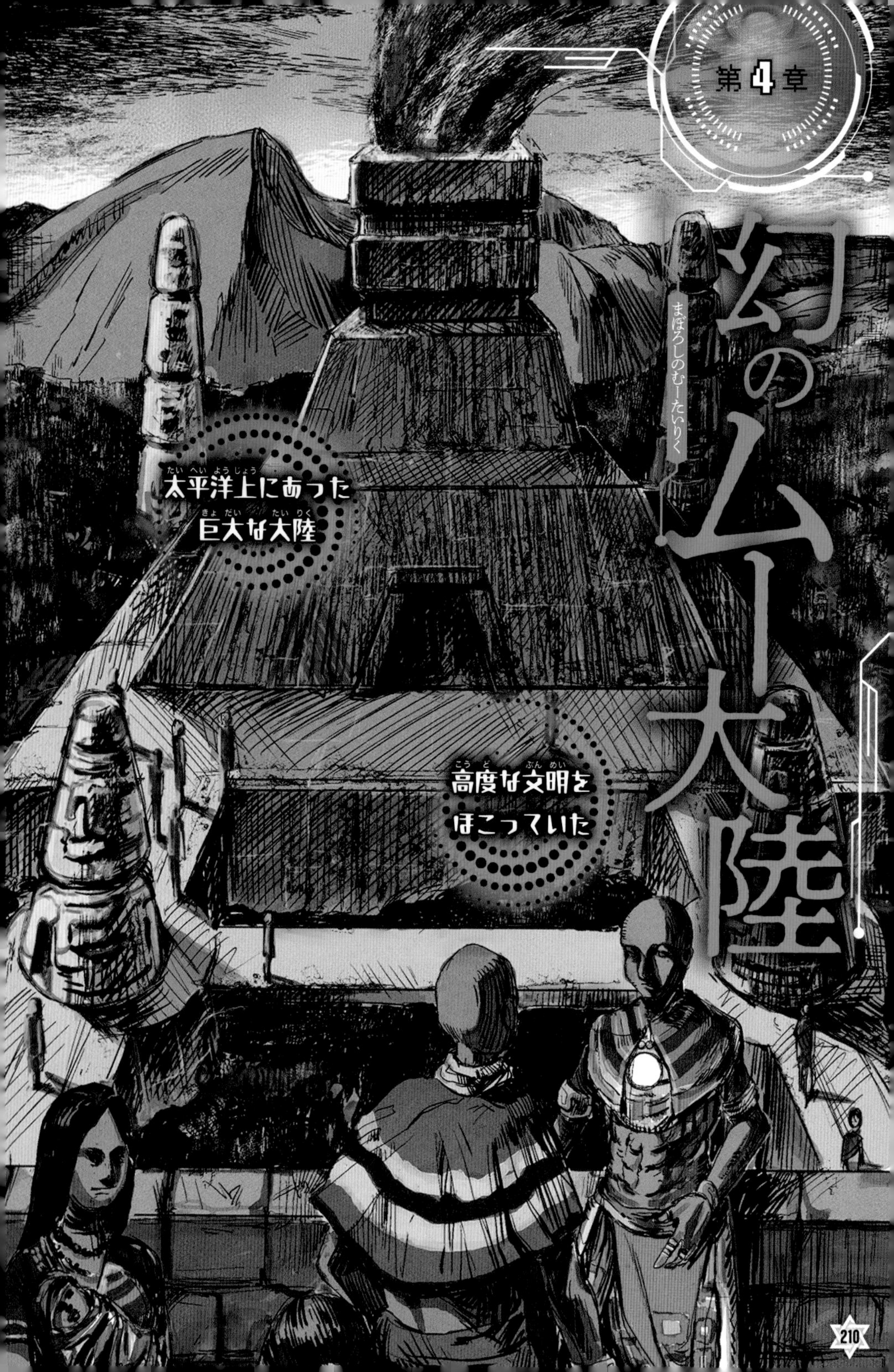
第4章
幻のムー大陸《まぼろしのむーたいりく》
太《たい》平《へい》洋《よう》上《じょう》にあった
巨《きょ》大《だい》な大《たい》陸《りく》
高《こう》度《ど》な文《ぶん》明《めい》を
ほこっていた

かつて太《たい》平《へい》洋《よう》に存《そん》在《ざい》した伝《でん》説《せつ》の大《たい》陸《りく》

ムー大陸《たいりく》とは、約《やく》1万《まん》2000年前《ねんまえ》まで太平洋上《たいへいようじょう》に存在《そんざい》していたとされる伝説《でんせつ》の大陸《たいりく》だ。東西《とうざい》7000キロ、南《なん》北《ぼく》5000キロもの大《おお》きさで、現在《げんざい》のハワイ諸島《しょとう》、マリアナ諸島《しょとう》、イースター島《とう》が陸続《りくつづ》きだったという。首都《しゅと》はヒラニプラ。7つの大都市《だいとし》が大《おお》きな道路《どうろ》で結《むす》ばれ、大変高度《たいへんこうど》な文明《ぶんめい》をほこっていたとされる。しかし、地震《じしん》などの天《てん》変地異《ぺんちい》により、ひと晩《ばん》で海《うみ》の底《そこ》にしずんでしまったと考《かんが》えられている。

ムー大陸《たいりく》のことは、インドの古文書《こもんじょ》に記《しる》されていたという。それをイギリスの作家《さっか》が本《ほん》で紹介《しょうかい》したことで、大《おお》きな話題《わだい》を呼《よ》んだ。証拠《しょうこ》は見《み》つかっていないが、ムー大陸《たいりく》の存在《そんざい》を信《しん》じて、研《けん》究《きゅう》を続《つづ》けている人《ひと》は多《おお》い。

DATA

場所《ばしょ》：太平洋《たいへいよう》

タイプ：異常

危険度《きけんど》

キミの周《まわ》りで起《お》きたら？

太平洋上《たいへいようウえ》の遺跡《いせき》を調《しら》べてみよう

太平洋《たいへいよう》の島《しま》や東南《とうなん》アジアにある遺《い》跡《せき》には、正体不明《しょうたいふめい》のものも多《おお》い。遺跡《いせき》を解明《かいめい》できれば、ムー大陸《たいりく》とのつながりも見《み》えてくるはずだ。

ひと晩《ばん》で海《うみ》にしずんだ

研究《けんきゅう》報告書《ほうこくしょ》

ムー大陸《たいりく》の遺跡《いせき》は各地《かくち》にある？

太平洋《たいへいよう》に浮《う》かぶイースター島《とう》は、ムー大陸《たいりく》の一《いち》部《ぶ》だったという説《せつ》がある。この島《しま》に残《のこ》るモアイ像《ぞう》（→P148）は、大陸《たいりく》の神《かみ》に似《に》せて作《つく》られたものだという。また、インドネシアのスラウェシ島《とう》の大《おお》きな石造物《せきぞうぶつ》や、ミクロネシア連邦《れんぽう》のポンペイ島《とう》のナン・マドール遺跡《いせき》もまた、ムー大《たい》陸《りく》の一部《いちぶ》ではないかと言《い》われている。このように、ムー大陸《たいりく》の名残《なごり》と思《おも》われる正体不明《しょうたいふめい》の遺跡《いせき》が、太平洋《たいへいよう》の各地《かくち》にあるのだ。

ナン・マドール遺跡《いせき》のつまれた石《いし》。

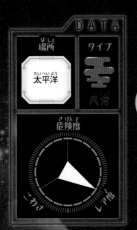

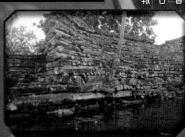

月面の巨人《げつめんのきょじん》

月《つき》に住《す》んでいるというヒト型《がた》の巨人《きょじん》。月面《げつめん》を2本《ほん》の足《あし》で立《た》って歩《ある》いているところを2回《かい》も撮影《さつえい》された。

最初《さいしょ》は2014年《ねん》7月《がつ》。月面《げつめん》を観測《かんそく》する衛星写真《えいせいしゃしん》にぐうぜん写《うつ》っていた。写真《しゃしん》から推測《すいそく》された身長《しんちょう》は約《やく》170～200メートルと、かなり大《おお》きい。全身《ぜんしん》が黒《くろ》く、足元《あしもと》には影《かげ》らしきものが写《うつ》っていた。後日《ごじつ》、最初《さいしょ》に目撃《もくげき》された地点《ちてん》から600キロほどはなれた場所《ばしょ》で、ふたたび巨人《きょじん》が歩《ある》いているところが撮《さつ》影《えい》された。

これらの写真《しゃしん》から、月《つき》には「未知《みち》の巨大生物《きょだいせいぶつ》」が住《す》んでいるのではないか、という議論《ぎろん》が活発《かっぱつ》になった。月《つき》にひそむ異星人《いせいじん》か、異星人《いせいじん》が生《う》み出《だ》したロボットであるかもしれない。

研究報告書《けんきゅうほうこくしょ》

巨人《きょじん》たちは月《つき》の建造物《けんぞうぶつ》を作《つく》った？

今《いま》のところ、月《つき》の巨人《きょじん》を実際《じっさい》に見《み》つけたという情報《じょうほう》はない。NASA《ナサ》（アメリカ航空宇宙局《こうくううちゅうきょく》）は月《つき》に巨人《きょじん》がいることを否定《ひてい》しているが、独自《どくじ》に調査《ちょうさ》を進《すす》めているというウワサもある。これまで、月面《げつめん》ではＵＦＯ《ユーフォー》ロケットと呼《よ》ばれるなぞの飛行物体《ひこうぶったい》をはじめ、人工的《じんこうてき》な構造物《こうぞうぶつ》、基地《きち》らしきものがあるなど、数々《かずかず》のウワサがくり返《かえ》しささやかれてきた。これらをすべて月《つき》の巨人《きょじん》が作《つく》っていたという可能性《かのうせい》もある。

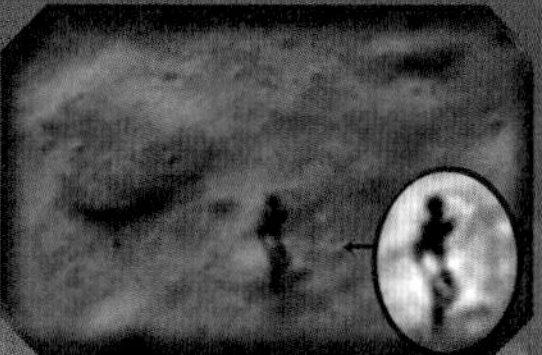
衛星写真《えいせいしゃしん》に写《うつ》った月《つき》の巨人《きょじん》。

DATA

場所《ばしょ》：月《つき》

タイプ：怪物

危険度《きけんど》

月《つき》に住《す》んでいる

月《つき》に住《す》むという巨《きょ》大《だい》なヒト型《がた》生《せい》物《ぶつ》

身長《しんちょう》は約《やく》170～200メートル

2足歩行《そくほこう》している

キミの周《まわ》りで起《お》きたら？

データや資料《しりょう》を集《あつ》めて証拠《しょうこ》を固《かた》めよう

月《つき》の巨人《きょじん》が写真《しゃしん》を撮《と》られたのはまだ2回《かい》だけだ。月《つき》のデータや資料《しりょう》をもっと集《あつ》めて、巨人《きょじん》がいるという証拠《しょうこ》を見《み》つけ出《だ》そう。

とつぜんどこかへ消《き》えてしまった者《もの》たち

「異《い》次《じ》元《げん》に消《き》えた人《ひと》々《びと》」とは何《なに》か？

人間《にんげん》がとつぜん消失《しょうしつ》する現象《げんしょう》が世界《せかい》各地《かくち》で起《お》きている。彼《かれ》らは本当《ほんとう》に「異《い》次元《じげん》」に迷《まよ》いこんでしまったのか？数々《かずかず》の人間消失事件《にんげんしょうしつじけん》にせまる！

世界各地《せかいかくち》で起《お》こる人間消失事件《にんげんしょうしつじけん》

異次元《いじげん》とは、わたしたちが暮《く》らす世界《せかい》とは別次元《べつじげん》にある世界《せかい》のこと。「異世界《いせかい》（↓Ｐ１９８）」とも呼《よ》ばれる。世界各地《せかいかくち》で、とつぜん人間《にんげん》が消《き》えたり神《かみ》かくしにあったりする事件《じけん》が起《お》きているが、異次元《いじげん》との関《かか》わりがあるのではないかとする説《せつ》がある。

たとえば「マリー・セレスト号《ごう》事件《じけん》（↓Ｐ２０２）」や「バミューダ・トライアングル（↓Ｐ１２８）」で起《お》こった消失事件《しょうしつじけん》は、ぐうぜん人々《ひとびと》が異次元《いじげん》の入《い》り口《ぐち》に飲《の》みこまれ、永遠《えいえん》に帰《かえ》ってこられなくなったのではないかという。

マリー・セレスト号《ごう》の船長《せんちょう》だったベンジャミン・ブリッグズ。

人《ひと》が目《め》の前《まえ》で消《き》えた事件《じけん》もある。１８８０年《ねん》アメリカのテネシー州《しゅう》で、デイビッド・ラング氏《し》が、家族《かぞく》の目《め》の前《まえ》で透明《とうめい》になり消失《しょうしつ》した。数《すう》か月《げつ》後《ご》、ラングが消《き》えた場《ば》所《しょ》の地《じ》面《めん》から「助《たす》けてくれ」と一度《いちど》だけ声《こえ》が聞《き》こえてきたという。

異次元《いじげん》から出《で》てくることもある

人々《ひとびと》は異次元《いじげん》に消《き》えたばかりではなく、逆《ぎゃく》の例《れい》もある。

１９８９年《ねん》、ブラジルのポルトアレグレ空港《くうこう》に、見知《みし》らぬ飛行機《ひこうき》が勝手《かって》に着陸《ちゃくりく》した。空港《くうこう》の作業員《さぎょういん》たちが飛行機《ひこうき》のドアを開《あ》けると、座席《ざせき》には白骨《はっ》死体《こったい》がずらりと並《なら》んでいた。操縦席《そうじゅうせき》にいたパイロットも、操縦《そうじゅう》かんをにぎったまま白骨《はっこつ》化《か》していた。のちの調査《ちょうさ》によ

「異次元《いじげん》」と関《かか》わりがありそうな事件《じけん》

消《き》えたイギリス兵《へい》

1915年《ねん》、イギリス陸軍《りくぐん》ノーフォーク連隊《れんたい》341名《めい》が丘《おか》にかかる雲《くも》の中《なか》を進《すす》んだ。ニュージーランド兵《へい》が見《み》ている中《なか》、1時間後《じかんご》に雲《くも》が消《き》えると連隊《れんたい》は全員《ぜんいん》消《き》えていた。

ハンギング・ロック事件《じけん》

1900年《ねん》、オーストラリアのハンギング・ロックに出《で》かけた女《じょ》子生徒《しせいと》3人《にん》と教師《きょうし》ひとりが神隠《かみかく》しにあった。のちに生徒《せいと》ひとりが見《み》つかるも、記憶《きおく》がなかった。

消《き》えた中国兵《ちゅうごくへい》

1937年《ねん》、中国兵《ちゅうごくへい》3000人《にん》の大《たい》軍《ぐん》が南京《なんきん》に到着《とうちゃく》し、全員《ぜんいん》が命令《めいれい》を待《ま》っていた。数時間後《すうじかんご》、3000人《にん》もの兵《へい》の姿《すがた》が、ひとつの足《あし》あとも残《のこ》さず消《き》えていたという。

タンスに飲《の》まれた少女《しょうじょ》

1967年《ねん》、イギリスの7歳《さい》の少《しょう》女《じょ》キャロンがタンスを開《あ》けると吸《す》いこまれるように消《き》え、カナダのトロントにある古《ふる》いビルの一室《いっしつ》に一瞬《いっしゅん》でワープしたという。

過去《かこ》から来《き》た男《おとこ》

1950年《ねん》、アメリカで30歳《さい》くらいの身元不明《みもとふめい》の男性《だんせい》が交通事故《こうつうじこ》で死亡《しぼう》した。警察《けいさつ》が調《しら》べたらその男性《だんせい》は1876年《ねん》に29歳《さい》でゆくえ不明《ふめい》になった男性《だんせい》だった。

時空《じくう》を超《こ》えた戦闘《せんとう》の再現《さいげん》

1951年《ねん》、イギリス人女性《じんじょせい》2名《めい》がノルマンディー港《こう》で、とつぜん銃撃戦《じゅうげきせん》の音《おと》を聞《き》いた。それは1942年《ねん》の戦闘時《せんとうじ》の音《おと》で、軍《ぐん》の公式記録《こうしききろく》と一致《いっち》していたという。

かわやの市兵衛《いちべえ》

江戸時代《えどじだい》、松前屋市兵衛《まつまえやいちべえ》という男《おとこ》が夜中《よなか》にかわや（トイレ）に入《はい》ったきり消《き》えた。20年後《ねんご》、市兵衛《いちべえ》はかわやから20年前《ねんまえ》の姿《すがた》のまま現《あらわ》れたが、昔《むかし》のことを忘《わす》れていた。

地底《ちてい》の太陽《たいよう》

1829年《ねん》、ノルウェー人《じん》の漁師《りょうし》の父子《ちちこ》が北極圏《ほっきょくけん》で迷《まよ》い、不思議《ふしぎ》な水《みず》のトンネルをくぐった。そこには太陽《たいよう》が輝《かがや》く地底世界《ちていせかい》があり、巨人《きょじん》が住《す》んでいたという。

異次元《いじげん》の入《い》り口《ぐち》はすぐそばにある？

り、この飛行機《ひこうき》は1954年《ねん》に西《にし》ドイツ（現在《げんざい》のドイツ）から離陸《りりく》して、ゆくえ不明《ふめい》になっていた飛行機《ひこうき》ということがわかった。しかし、35年間《ねんかん》人間《にんげん》がだれにも気《き》づかれず、白骨化《はっこつか》するまで、この飛行機《ひこうき》は異次元《いじげん》を飛《と》びつづけていたのだろうか？

時空《じくう》を超《こ》えて過去《かこ》や未来《みらい》に行《い》くことも

ジョン・タイター（→P176）やサンジェルマン伯爵《はくしゃく》（→P60）など、異次元《いじげん》を自《じ》由《ゆう》に行《い》き来《き》する能力《のうりょく》をもつタイムトラベラーもいる。

また、能力者《のうりょくしゃ》ではないふつうの人《ひと》でも、ぐうぜん、異次《いじ》元《げん》のとびらをくぐってしまい、過去《かこ》や未来《みらい》にタイムスリップしてしまうこともあるようだ。

1901年《ねん》、フランスのベルサイユ宮殿《きゅうでん》のプチ・トリアノン宮《きゅう》を観光中《かんこうちゅう》のイギリス人《じん》ふたりがいた。ふたりは、フランス革命時代《かくめいじだい》にタイムスリップして、マリー・アントワネットを見《み》たと証言《しょうげん》。話題《わだい》となった。無事《ぶじ》にもどってこられた人《ひと》もいるが、もどってこられなかった人々《ひとびと》は、この世界《せかい》から消《き》えてしまったままだ。今《いま》も異次元《いじげん》から出《で》る方法《ほうほう》を探《さが》しているかもしれない。

ベルサイユ宮殿《きゅうでん》でタイムスリップをした女性《じょせい》のひとり、モーバリー。

超常怪奇人物伝《ちょうじょうかいきじんぶつでん》

予知夢能力者《よちむのうりょくしゃ》？リンカーン

アメリカの第《だい》16代《だい》大統領《だいとうりょう》のエイブラハム・リンカーンは1865年《ねん》に暗殺《あんさつ》されている。しかしおどろくべきことに、リンカーンは暗殺《あんさつ》の数日前《すうじつまえ》に自分《じぶん》の葬式《そうしき》の夢《ゆめ》を見《み》ていたという！　リンカーンは予知夢能力者《よちむのうりょくしゃ》だったのか？

自分《じぶん》の葬式《そうしき》の夢《ゆめ》を見《み》た！

夢《ゆめ》の中《なか》でどこからかすすり泣《な》きが聞《き》こえる！

1865年《ねん》4月《がつ》、リンカーンはベッドに入《はい》るとすぐにねむり、きみょうな夢《ゆめ》を見《み》はじめた。夢《ゆめ》の中《なか》で目覚《めざ》めると、リンカーンはホワイトハウスの部屋《へや》のベッドに横《よこ》たわっていた。夢《ゆめ》の中《なか》は、おそろしく静《しず》かで暗《くら》かった。

すると、部屋《へや》の外《そと》から、大勢《おおぜい》の人々《ひとびと》が声《こえ》をおし殺《ころ》して静《しず》かに泣《な》いているような声《こえ》が聞《き》こえてきた。リンカーンはろうかに出《で》たが、だれもいない。しかしすすり泣《な》く声《こえ》は聞《き》こえてくるので、階下《かいか》だろうと思《おも》ったリンカーンは階段《かいだん》を降《お》りた。暗《くら》いろうかを歩《ある》き、部屋《へや》から部屋《へや》へと探《さが》し回《まわ》ったが、泣《な》く人《ひと》の姿《すがた》は見《み》えなかった。いったいどこから聞《き》こえてくるのかわからなかったが、すすり泣《な》く声《こえ》はずっと聞《き》こえていたという。

だれかの遺体《いたい》を囲《かこ》み人々《ひとびと》が泣《な》いている……

リンカーンはどんどん不安《ふあん》になっていった。しかしこの不気味《ぶきみ》な状態《じょうたい》はぜひともつきとめなければならないと決心《けっしん》し、ろうかを進《すす》んだ。

やがてイースト・ルームという場所《ばしょ》につくと、そこには死体《したい》の入《はい》ったひつぎの安置台《あんちだい》が置《お》いてあった。護衛《ごえい》の兵士《へいし》たちが周囲《しゅうい》に立《た》ち、人々《ひとびと》が群《むら》がって、ひつぎの遺体《いたい》を悲《かな》しそうにながめては泣《な》いていたのだ。リンカーンは兵士《へいし》のひとりに聞《き》いた。

「いったい、ホワイトハウスの中《なか》でだれが死《し》んだのだ？」

「大統領《だいとうりょう》です」

と、兵士《へいし》は答《こた》えた。

「暗殺者《あんさつしゃ》に殺《ころ》されたのですよ」

そこには、まぎれもないリンカーン自身《じしん》が、そうぎ服《ふく》につつまれてひつぎの中《なか》に横《よこ》たわっていた。

夢《ゆめ》の通《とお》り暗殺者《あんさつしゃ》に殺《ころ》される

リンカーンはそこで目覚《めざ》めたという。

この夢《ゆめ》があまりにきみょうだったため、リンカーンは親友《しんゆう》のウォード・ヒル・ラモンに夢《ゆめ》のことを語《かた》り、ラモンはその言葉《ことば》を書《か》きとめたそうだ。

そして、この夢《ゆめ》の話《はなし》から数日後《すうじつご》の4月《がつ》14日《ひ》、リンカーンはワシントンのフォード劇場《げきじょう》で、ピストルでうたれて本当《ほんとう》に殺《ころ》されてしまった。リンカーンの遺体《いたい》は、ホワイトハウスのイースト・ルームへ運《はこ》ばれて安置《あんち》されたそうだ。

大統領暗殺《だいとうりょうあんさつ》にまつわるもうひとつの不思議《ふしぎ》な話《はなし》

リンカーンの暗殺《あんさつ》にまつわるきみょうな話《はなし》がもうひとつある。それはリンカーンが大統領《だいとうりょう》になってから100年《ねん》後《ご》の1960年《ねん》、第《だい》35代《だい》大統領《だいとうりょう》に選《えら》ばれたジョン・F・ケネディと結《むす》ばれた不思議《ふしぎ》な運命《うんめい》の糸《いと》だ。

リンカーンとケネディには、100年《ねん》ちがいでおどろくほど共通点《きょうつうてん》が多《おお》い。

●どちらも金曜日《きんようび》に暗殺《あんさつ》された。
●どちらの暗殺者《あんさつしゃ》も南部出身《なんぶしゅっしん》で裁判前《さいばんまえ》にうち殺《ころ》された。
●リンカーンはフォード劇場《げきじょう》、ケネディはフォード車《しゃ》の上《うえ》で暗殺《あんさつ》された。
●大統領在任中《だいとうりょうざいにんちゅう》に息子《むすこ》を亡《な》くした。
●ともにジョンソンという副大統領《ふくだいとうりょう》がいて、暗殺後《あんさつご》に大統領《だいとうりょう》になった。

このように、因果関係《いんがかんけい》がないのにぐうぜん同《どう》じような出来事《できごと》が起《お》こることを「シンクロニシティ」という。このきみょうな一致《いっち》もまた、超常現象《ちょうじょうげんしょう》のひとつだろう。

スペシャル特典《とくてん》!!

透視能力《とうしのうりょく》が開花《かいか》!?

ゼナーカードの使《つか》い方《かた》

本書《ほんしょ》についている「ゼナーカード」は、透視《とうし》（→P44）の能力《のうりょく》の訓練《くんれん》に使《つか》われるもの。もしキミに透視《とうし》の力《ちから》が秘《ひ》められているならば、カードを使《つか》って超能力《ちょうのうりょく》がパワーアップするかもしれない!?

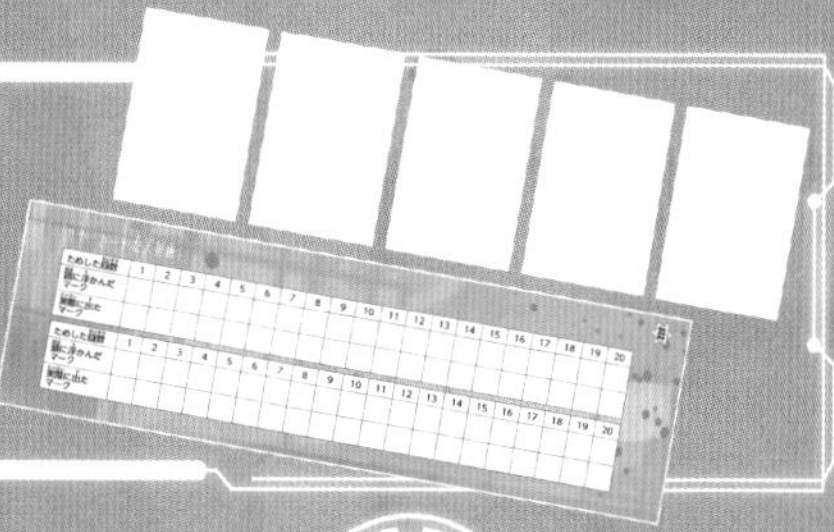

準備《じゅんび》

カバーをめくったところについている5枚《まい》のゼナーカードを切《き》り取《と》ろう。ゼナーカード記入用紙《きにゅうようし》は、P220についているよ。

1

5枚《まい》のカードをシャッフルし、裏面《うらめん》を上《うえ》にしてテーブルに並《なら》べる。

2

5枚《まい》の中《なか》から1枚《まい》を選《えら》び、意識《いしき》を集中《しゅうちゅう》して頭《あたま》にマークが浮《う》かぶのを待《ま》つ。

3

頭《あたま》の中《なか》にイメージが浮《う》かんできたら、下《した》の表《ひょう》のようにマークを記入《きにゅう》する。

ゼナーカード記入用紙《きにゅうようし》

ためした回数《かいすう》	1	2	3	4	5	6
頭《あたま》に浮《う》かんだマーク	☆					
実際《じっさい》に出《で》たマーク						

4

カードをめくり、合《あ》っていたかどうかを下《した》の表《ひょう》のように記入《きにゅう》する。

ゼナーカード記入用紙《きにゅうようし》

ためした回数《かいすう》	1	2	3	4	5	6
頭《あたま》に浮《う》かんだマーク	☆					
実際《じっさい》に出《で》たマーク	☆					

5

カードをもどしてふたたびシャッフルし、1〜4をくり返《かえ》して当《あ》たる確率《かくりつ》を調《しら》べる。

ゼナーカード記入用紙《きにゅうようし》

ためした回数《かいすう》	1	2	3	4	5	6
頭《あたま》に浮《う》かんだマーク	☆	○	□	☆	≋	
実際《じっさい》に出《で》たマーク	☆	＋	□	○	□	

ためした回数《かいすう》	1	2	3	4	5	6
頭《あたま》に浮《う》かんだマーク						
実際《じっさい》に出《で》たマーク						

当《あ》たる確率《かくりつ》は5分《ぶん》の1なので、それ以上《いじょう》の確率《かくりつ》でマークを当《あ》てることができれば、透視《とうし》の能力《のうりょく》が強《つよ》いかもしれない！

訓練《くんれん》をくり返《かえ》せば、透視能力《とうしのうりょく》が身《み》につくかもしれないぞ!

キミの報告《ほうこく》を求《もと》む！

超常怪奇現象《ちょうじょうかいきげんしょう》を目撃《もくげき》したら

ムー編集部《へんしゅうぶ》に送《おく》ってみよう！

キミ自身《じしん》や、キミの周《まわ》りで不思議《ふしぎ》な現象《げんしょう》は起《お》きていないか？ もし「何《なに》かおかしい……」と思《おも》うことがあったら、ぜひムー編集部《へんしゅうぶ》に送《おく》ってほしい。

もしかして自分《じぶん》は念動力《ねんどうりょく》が使《つか》えるかもしれない！

近所《きんじょ》の畑《はたけ》にミステリーサークルが見《み》つかった！

そんなキミはぜひムー編集部《へんしゅうぶ》に教《おし》えてほしい！

メン・イン・ブラックみたいな黒《くろ》づくめの男《おとこ》たちを目撃《もくげき》した！

記入例《きにゅうれい》

超常怪奇現象目撃報告書《ちょうじょうかいきげんしょうもくげきほうこくしょ》

目撃《もくげき》した日時《にちじ》　2024 年《ねん》 2 月《がつ》 20 日《にち》 16 時《じ》

目撃《もくげき》した場所《ばしょ》　東京 都道《とどう》府県《ふけん》 台東区 ビルの前

目撃《もくげき》した現象《げんしょう》の名前《なまえ》　ドッペルゲンガー

気《き》づいたこと　はじめは鏡を見ているのかと思いました。顔が自分にそっくりでおどろきました。着ている服はちがいました。

目撃《もくげき》した現象《げんしょう》の絵《え》を描《か》いてみよう！

ゼナーカード記入用紙《きにゅうようし》

ためした回数《かいすう》	頭《あたま》に浮《う》かんだマーク	実際《じっさい》に出《で》たマーク
1		
2		
3		
4		
5		
6		
7		
8		
9		
10		
11		
12		
13		
14		
15		
16		
17		
18		
19		
20		

ためした回数《かいすう》	頭《あたま》に浮《う》かんだマーク	実際《じっさい》に出《で》たマーク
1		
2		
3		
4		
5		
6		
7		
8		
9		
10		
11		
12		
13		
14		
15		
16		
17		
18		
19		
20		

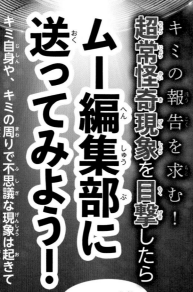

書《か》き方《かた》のコツ

- 「目撃《もくげき》した場所《ばしょ》」の地名《ちめい》がわからないときは、「山《やま》」「海《うみ》」「街中《まちなか》」などでもOK！
- 「目撃《もくげき》した現象《げんしょう》の名前《なまえ》」は、この本《ほん》に載《の》っている名前《なまえ》でも「〜みたいな現象《げんしょう》」でもいいぞ！
- 「気《き》づいたこと」には、目撃《もくげき》したときの状況《じょうきょう》（天気《てんき》、音《おと》、色《いろ》など）を書《か》こう。

わしの弟子《でし》にしてやってもいいぞ！
博士《はかせ》のように人造人間《じんぞうにんげん》を作《つく》れた場合《ばあい》もぜひ報告《ほうこく》を!!

超常怪奇現象目撃報告書《ちょうじょうかいきげんしょうもくげきほうこくしょ》

目撃《もくげき》した日時《にちじ》　＿＿＿＿年《ねん》＿＿月《がつ》＿＿日《にち》＿＿時《じ》ころ

目撃《もくげき》した場所《ばしょ》　＿＿＿＿都道《とどう》府県《ふけん》＿＿＿＿＿＿

目撃《もくげき》した現象《げんしょう》の名前《なまえ》　＿＿＿＿＿＿＿＿

気《き》づいたこと　＿＿＿＿＿＿＿＿

目撃《もくげき》した現象《げんしょう》の絵《え》を描《か》いてみよう！

左《ひだり》の用紙《ようし》を切《き》り取《と》るか、コピーをして、目撃情報《もくげきじょうほう》を記入《きにゅう》し、切手《きって》を貼《は》ってムー編集部《へんしゅうぶ》に送《おく》ろう。もしかすると雑誌《ざっし》「ムー」やウェブムーにのるかもしれないぞ！

※このハガキでいただいたご住所《じゅうしょ》やお名前《なまえ》などは、今後《こんご》の企画《きかく》の参考《さんこう》に使用《しよう》いたします。

※お寄《よ》せいただいた個人情報《こじんじょうほう》に関《かん》するお問《と》い合《あ》わせは、下記《かき》サイトのお問《と》い合《あ》わせフォームよりお願《ねが》いします。
https://one-publishing.co.jp/contact/

※当社《とうしゃ》の個人情報保護《こじんじょうほうほご》については、当社《とうしゃ》ホームページ（https://one-publishing.co.jp/privacy/） をご覧《らん》ください。

郵便はがき

恐れ入りますが切手を貼ってください

105-0003

東京都港区西新橋2-23-1
3東洋海事ビル4階
(株)ワン・パブリッシング
ムー編集部
超常怪奇現象目撃報告書係

自宅住所《じたくじゅうしょ》	（郵便番号《ゆうびんばんごう》） （電話番号《でんわばんごう》）		
お名《な》前《まえ》		性《せい》別《べつ》	
年齢《ねんれい》・学年《がくねん》		ご職業《しょくぎょう》	
この本《ほん》の感想《かんそう》を教《おし》えてね			

50音《おん》順《じゅん》リスト

1947年生まれ。月刊『ムー』のメインライターを務める、オカルト界の重鎮。超常現象、怪奇現象の調査・研究を専門としている。海外の研究家とも交流が深く、雑誌やテレビで活躍中。『ムー認定！ 最驚!! 未確認生物UMAビジュアル大事典』、『ムー認定 驚異の超常現象』、『ムー認定 神秘の古代遺産』（いずれもワン・パブリッシング）など、著書多数。

［主な参考資料］ 並木伸一郎著『ムー認定 驚異の超常現象』（学研プラス）
並木伸一郎著『ムー認定 最新禁断の異次元事件』（学研パブリッシング）
並木伸一郎著『ムー的 都市伝説』（学研パブリッシング）

ムー・ミステリー・ファイル

ムー認定!

最恐!! 超常怪奇現象ビジュアル大事典

2024年3月9日 第1刷発行

マンガ・イラスト：泉すずしろ、井下サトシ、樹生ナト、古倉のぶゆき、界賀邑里、沙さ綺ゆがみ、さざなみ陽輔、鹿助、Dr.イム、toshiko、永井啓太、町田ジョウ（五十音順）

イラスト：池田正輝、一芒、岩崎政志、ウエツジショータロー、裏逆どら、工藤おぶらーと、Ken Kurahashi、坂本ロクタク、バードコネクト、haluaki、宮村奈穂、山崎太郎（五十音順）

デザイン・DTP：萩原美和

写真提供：並木伸一郎、Phxhere、Wikimedia Commons

編集協力：えいとえふ

監　　修：並木伸一郎

発 行 人：松井謙介

編 集 人：廣瀬有二

企画編集：宍戸宏隆

発 行 所：株式会社　ワン・パブリッシング
〒105-0003　東京都港区西新橋２-23-１

印 刷 所：岩岡印刷株式会社

［この本に関する各種のお問い合わせ先］
●本の内容については、下記サイトのお問い合わせフォームよりお願いします。
https://one-publishing.co.jp/contact/
●在庫・注文については　Tel 0570-000346（書店専用受注センター）
●不良品（落丁、乱丁）については　Tel 0570-092555（業務センター）
〒354-0045　埼玉県入間郡三芳町上富279-1

ワン・パブリッシングの書籍・雑誌についての新刊情報・詳細情報は、下記をご覧ください。
https://one-publishing.co.jp/